MECHTHILD WESSEL • BRIGITTE VOM WEGE

Lustige Morgenkreisspiele für die Kita

Mit Illustrationen von Julia Dürr

HERDER

FREIBURG · BASEL · WIEN

MIX
Papier | Fördert gute Waldnutzung
FSC® C010798
www.fsc.org

Bei einigen Liedern und Texten war es uns trotz gründlicher Recherchen nicht möglich, die Inhaber der Rechte ausfindig zu machen. Honoraransprüche bleiben bestehen.

Vollständig überarbeitete Neuausgabe 2024 von
Das Kindergartenmorgenkreisbuch

www.herder.de

Illustrationen: Julia Dürr, Berlin; außer: Wimpelkette Umschlag, S. 7: Katja Jäger, Moers
Gestaltung und Satz: Sabine Ufer, Leipzig

Herstellung: Graspo CZ, Zlín
Printed in the Czech Republic

ISBN Print 978-3-451-39229-0
ISBN E-Book (PDF) 978-3-451-83198-0

Lustige Morgenkreisspiele für die Kita

Vorwort

Warum, wieso, weshalb Morgenkreise durchführen?

Früher gehörte der Morgenkreis zum alltäglichen Ritual in der Kita, dann galt er als verstaubt und unpädagogisch. Nun erhält der Morgenkreis endlich ein Comeback: kindgerecht, vielfältig, zeitgemäß.
Denn für das Ritual am Morgen sprechen auch heute noch eine Reihe an Gründen: Die Kinder erleben Gemeinschaft, nehmen sich gegenseitig wahr, entwickeln ein WIR. Beim gemeinsamen Spiel, Singen, Musizieren und Erzählen schlüpfen sie in verschiedene Rollen. Der sprachliche Ausdruck wird gefördert, Spannungen lösen sich, sie lernen fremde Kulturen und Bräuche kennen. Mit dem Morgenkreis beginnt der Tag! Pädagogische Fachkräfte können hier geplante Aktionen des Kita-Tages bekannt geben und mit den Kindern Pläne schmieden. Erlaubt ist, was Freude bringt!

Wann gelingt der Morgenkreis?

In der Regel findet der Morgenkreis statt, nachdem alle Kinder in der Kita angekommen sind. Er dauert erfahrungsgemäß 10–30 Minuten, in Ausnahmefällen auch länger. Ob das Ritual täglich, wöchentlich oder nur zu bestimmten Anlässen stattfindet, hängt von den Besonderheiten der Einrichtung und Gruppe ab. Regelmäßige Morgenkreise können Orientierung im Alltag geben. Sie sollten für Kinder aber nie verpflichtend sein und stattdessen zum Mitmachen und Mitbestimmen einladen.

Wie gelingt der Morgenkreis?

Ein akustisches Signal kündigt das Ende des freien Spiels an und ermöglicht Kindern, es in Ruhe zu beenden sowie aufzuräumen. Dadurch entwickeln sie zunehmend ein Gefühl für Zeit und lernen Ordnungsregeln spielerisch kennen.
Eine äußere Ordnung regt an und beruhigt zugleich. In der Mitte des Kreises können Fachkräfte darum einen optischen Blickfang platzieren, den sie passend zur Jahreszeit oder zum Rahmenthema auswählen. Ob die Kinder auf Stühlen, Kissen oder kleinen Teppichen sitzen, im Kreis oder in Reihen, hängt von den Aktivitäten ab.

Alle Materialien für den Morgenkreis sollten greifbar sein und übersichtlich im Regal oder Schrank platziert werden. Als Requisiten eignen sich z. B.: Klangschale, Kerze, Blume, Leuchtkugel, Murmel, Handspielfigur, Instrumente, Filzstifte, (Sprech-)Stein.

Der Ablauf orientiert sich an den Interessen der Kinder. Nach einem Begrüßungsritual beobachtet die Fachkraft die Stimmung der Gruppe. Bei Teilnahmslosigkeit oder Unruhe wechselt sie die Spielform und mischt verstärkt bewegungsreiche mit ruhigen Aktionen. Nimmt sie wahr, dass sich die Kinder für ein Thema nicht (mehr) interessieren, wird der Ablauf spontan geändert oder der Kreis vorzeitig beendet. In den Spielen begegnet sie den Kindern immer auf Augenhöhe und unterstützt sie ggf. mit Hilfen. Wie der Anfang wird auch das Ende rechtzeitig angekündigt, z.B. in Form eines gemeinsamen Abschlussverses.

Begrüßungs- und Abschiedsrituale helfen Kindern, sich auf den Morgenkreis einzulassen und sich von ihm zu verabschieden.

Begrüßungsritual „Das kleine Hallo“
Alle sitzen im Kreis und fassen sich an den Händen. Die Spielleitung schickt das kleine „Hallo“ los, indem sie die Hand des rechten Kindes drückt und Hallo sagt. Das Kind gibt den Handdruck und Gruß weiter, bis diese wieder bei der Spielleitung angekommen sind. Eine kurze Gesprächsrunde bietet der Gruppe Gelegenheit, Erlebnisse und aktuelle Ereignisse zu besprechen.

Guten Morgen hier im Kreise,
fasst euch an den Händen an,
damit jeder hier im Kreise
„Guten Morgen!“ sagen kann.
Guten Morgen, hier im Kreise.
Guten Morgen, Groß und Klein.
Spitzt jetzt aufmerksam die Ohren,
hört gut zu, denn das muss sein.

Abschlussritual „Das kleine Tschüs“
Die Spielleitung schickt das kleine „Tschüs“ los, indem sie die Hand des Kindes links von sich drückt und Tschüs sagt. Das Kind gibt den Handdruck und Gruß weiter, bis sie wieder bei der Spielleitung angekommen sind.

Wir reichen uns die Hände,
der Morgenkreis ist nun zu Ende.
Wie mag es jetzt wohl weitergehn?
Au ja, wir spielen, das wird schön.

Viel Spaß beim gemeinsamen Start in den Tag
wünschen Ihnen
Mechthild Wessel & Brigitte vom Wege

Inhalt

Wir in der Kita

Durch die Jahreszeiten

Feste feiern

Kunterbunte Spielewelt

Wir in der Kita

Essen & trinken

Du & ich

Lachen & weinen

Gesund & krank

Ein kleines Mäuschen

Text: überliefert

Ein kleines Mäuschen schleicht herum
und schaut sich nach den Kindern um.
Ihr wisst schon längst, dass es nicht beißt,
es will nur wissen, wie du heißt.

So geht's: Alle sitzen im Kreis. Die Spielleitung trägt eine Maus als Stofftier oder Handspielfigur, spricht den Vers und geht schleichend im Kreis herum. Dann bleibt sie vor einem Kind stehen, woraufhin dieses seinen Namen sagt. Anschließend singen alle Kinder zu einer Leiermelodie:

Der *Paul*, der ist heut wieder da, wieder da, wieder da,
der *Paul*, der ist heut wieder da, wieder da.

In der nächsten Spielrunde schleicht *Paul* mit der Maus im Kreis herum.

Alle Kinder, groß und klein

Text: überliefert

Alle Kinder, groß und klein,
möchten heut beisammen sein.
Wollen sich jetzt laut begrüßen,
stampfen dazu mit den Füßen,
nicken ihren Nachbarn zu,
schütteln Hände dann im Nu,
klatschen, wünschen: *„Guten Tag!"*,
weil es jeder gerne mag.

So geht's: Die Kinder stehen im Kreis, sprechen den Vers und führen passende Bewegungen dazu aus.

Hatschi Patschi

So geht's: Ein Kind verlässt die Spielgruppe. Die Gruppe einigt sich auf ein zweites Kind als Hatschi Patschi.

Das erste Kind kommt wieder in die Gruppe, geht zu einer beliebigen Person, begrüßt sie mit Handschlag und dem Satz: *„Guten Morgen, ich heiße ... und wie heißt du?"* Die angesprochene Person antwortet: *„Guten Morgen, ich heiße ... !"*
So lange fortführen, bis das erste Kind auf Hatschi Patschi trifft und dieses antwortet: *„Guten Morgen, ich heiße Hatschi Patschi!"* Jetzt springen alle auf und tauschen ihre Plätze. Das erste Kind versucht ebenfalls einen freien Platz zu erreichen. Wer keinen Platz erwischt, beginnt die nächste Spielrunde und verlässt den Raum.

Variation: Die Kinder geben sich Fantasienamen.

Ich heiße Anna und wie heißt du?

Material: Kieselstein in Kinderhand-Größe als Sprechstein

So geht's: Die Gruppe sitzt im Kreis auf dem Fußboden. Der Sprechstein liegt vor einem Kind, dieses stellt sich hin und sagt: *„Ich heiße Anna und ich spiele gerne mit meiner Puppe, und wie heißt du?"* Danach gibt Anna den Sprechstein weiter.

Variante: Bei geübten Kindern kann die Runde im Anschluss auch rückwärts verlaufen: *„Das ist Anna, sie spielt gerne mit ihrer Puppe."*

Ah, ah, ah, der Montag, der ist da

Melodie: überliefert („ABC, die Katze läuft im Schnee")
Text: Autorinnen

2. Dienstag
Ah, ah, ah, der Dienstag, der ist da.
Der Montag ja, der ist vergangen,
Dienstag, der hat angefangen.
Ah, ah, ah, der Dienstag, der ist da.

3. Mittwoch
Ah, ah, ah, der Mittwoch, der ist da.
Der Dienstag ja, der ist vergangen,
Mittwoch, der hat angefangen.
Ah, ah, ah, der Mittwoch, der ist da.

4. Donnerstag
Ah, ah, ah, der Donnerstag ist da.
Der Mittwoch ja, der ist vergangen,
Donnerstag hat angefangen.
Ah, ah, ah, der Donnerstag ist da.

5. Freitag
Ah, ah, ah, der Freitag, der ist da.
Donnerstag, der ist vergangen,
Freitag, der hat angefangen.
Ah, ah, ah, das Wochenend' ist nah.

Material: selbst gestalteter Kalender

So geht's: Die Spielleitung fragt: *„Guten Morgen, liebe Leute! Welcher Tag ist heute?"* Daraufhin nennen die Kinder den aktuellen Wochentag und singen dazu die entsprechende Strophe.

Jetzt fahr'n wir mit dem Omnibus

Material: Langbank

So geht's: Die Bank in der Kreismitte symbolisiert den Omnibus. Die Kinder sitzen im Kreis um den Bus herum. Das älteste setzt sich auf die Bank und sagt: *„Mein vorder, vorder Platz ist frei, ich wünsche mir die Anna mit den langen Haaren herbei!“* Daraufhin setzt sich *Anna* auf den vorderen Platz, wiederholt den Spruch und wünscht sich ein anderes Kind herbei.
Wenn die Bank besetzt ist, wird der folgende Vers rhythmisch gesprochen:

Jetzt fahr'n wir mit dem Omnibus,
jetzt fahr'n wir mit dem Omnibus.
Wer weiß wohin? *(Das erste Kind nennt einen Ort.)*
Jetzt fahr'n wir mit dem Omnibus,
jetzt fahr'n wir mit dem Omnibus.
(Das erste Kind macht ein Hupgeräusch): Tut, tut und steigen alle aus.

Spots in Movement

Material: Musik

So geht's: Die Musik spielt. Die Kinder bewegen sich frei im Raum. Immer wenn die Musik abbricht, wird ein Impuls von der Spielleitung von allen ausgeführt, zum Beispiel:

- möglichst viele Hände schütteln und „Guten Morgen!" wünschen
- im Raum mit ausgebreiteten Armen wie ein Flugzeug fliegen und dabei die Fingerspitzen eines anderen Kindes berühren
- alle mit braunen Augen stellen sich zusammen
- alle, die Geschwister haben, stellen sich zusammen
- alle, die Rot an ihrer Kleidung haben, stellen sich zusammen
- alle, die ein Haustier haben, stellen sich zusammen
- alle fassen sich zu einem Kreis an den Händen
- ...

Spinnennetz

Material: Wollknäuel

So geht's: Alle sitzen im Kreis. Ein Kind hält das Wollknäuel in der Hand und sagt: *„Ich heiße Adrian."* Er hält jetzt das Ende des Wollfadens mit der Hand fest und wirft das Knäuel dem nächsten Kind zu. Auch dieses stellt sich den anderen vor: *„Ich heiße Isabel."* Sie hält den Wollfaden ebenfalls fest und wirft das Wollknäuel einem Kind ihrer Wahl zu. So geht das Spiel weiter, bis alle ins Spinnennetz eingewoben worden sind.
Jetzt läuft das Spiel rückwärts. Das letzte Kind nennt den Namen des Kindes, das ihm das Wollknäuel zugeworfen hat: *„Emilia"*. Sie wickelt den übrigen Wollfaden wieder auf. So geht das Spiel weiter, bis der gesamte Wollfaden aufgewickelt worden ist.

Variation: Die Kinder sitzen sich in zwei Stuhlreihen gegenüber. Das Kind, das am Anfang einer Stuhlreihe sitzt, wirft das Wollknäuel seinem Gegenüber zu, wickelt dabei aber das Fadenende um den eigenen Finger. Es sagt: *„Ich mag dich, weil ...!"* Das gegenübersitzende Kind wickelt wiederum ein Stück des Fadens um seinen Finger und wirft das Knäuel dem nächsten zu, mit den Worten: *„Ich mag dich, weil ...!"* Das geht so lange, bis alle mit dem Faden verbunden sind.
In der Rückrunde wird das Knäuel wieder aufgewickelt, wobei jedes Kind nun einem anderen Gegenüber als in der Vorrunde eine positive Eigenschaft nennt.

Wenn sich die Igel küssen

Melodie und Text: Johannes Kuhnen

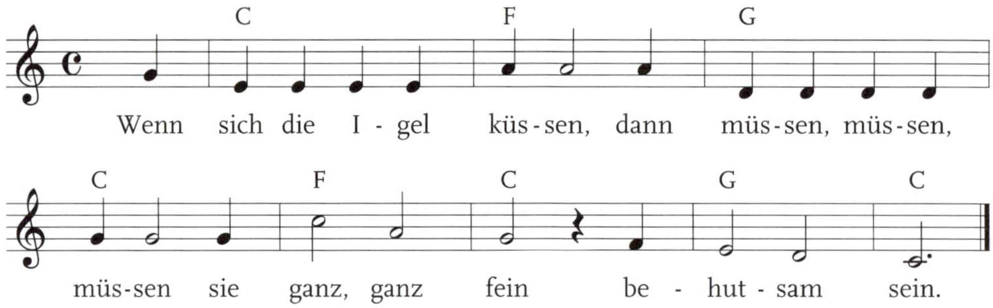

1. Wenn sich die Igel küssen, dann müssen, müssen, müssen
   sie ganz, ganz fein behutsam sein. *(Finger spreizen, Fingerkuppen berühren sich)*
2. Wenn Stachelschweine küssen, dann müssen, müssen, müssen
   sie ganz, ganz fein behutsam sein. *(Po an Po)*
3. Wenn Elefanten küssen, dann müssen, müssen, müssen sie ganz, ganz fein behutsam
   sein. *(rechten Arm durch die linke Armbeuge stecken, sich die Hand reichen)*
4. Wenn Krokodile küssen, dann müssen, müssen, müssen
   sie ganz, ganz fein behutsam sein. *(ausgestreckte Arme und Hände aufeinanderlegen)*
5. Wenn sich die Menschen küssen, dann müssen, müssen, müssen
   sie ganz, ganz fein behutsam sein. *(sich auf die rechte und linke Wange küssen)*

So geht's: Die Kinder bilden einen Innen- und einen Außenkreis, sodass sich immer zwei Kinder gegenüberstehen. Sie singen, nach jeder Strophe gehen sie ein paar Schritte nach links, sodass sie jemand Neuem gegenüberstehen. Die Paare stellen das jeweilige Tier pantomimisch dar und nehmen auf diese Weise Kontakt miteinander auf. Im Voraus erklärt die Spielleitung, dass ein Kind auch jederzeit Nein zu einem Kuss sagen darf.

Ball der Gefühle

Material: Igelball

So geht's: Alle sitzen im Kreis. Die Spielleitung gibt den Igelball mit einem vorher benannten Gefühl oder einer Eigenschaft (z. B. vorsichtig / wütend / traurig / heiß und fettig / lustig etc.) zunächst an das Kind rechts von ihr weiter. Dieses stellt durch Gestik und Mimik das benannte Gefühl oder die Eigenschaft dar, bevor es den Ball weiterreicht.

Wie fühlst du dich?

So geht's: Ein Kind präsentiert pantomimisch ein Gefühl (sauer, ärgerlich, froh oder glücklich …). Wer das Gefühl richtig benennt, darf als Nächstes ein Gefühl zeigen. Anschließend kann darüber gesprochen werden, welche Situationen zu den unterschiedlichen Gefühlen führen, was jemanden glücklich oder traurig macht.

Maske der Gefühle

So geht's: Die Kinder stehen sich paarweise gegenüber. Die Spielleitung gibt eine Gesichts- bzw. Körperhaltung oder Stimmung vor, z. B. fröhlich, traurig, wütend, sauer, neidisch, überrascht, enttäuscht. Jeweils eines der Kinder versucht diese nachzuahmen, während das andere sich diese Position ansieht und beschreibt, was es sieht. Dann findet ein Rollenwechsel statt.

Frosch ist traurig

Nach dem gleichnamigen Bilderbuch von Max Velthuijs: „Sammakko on surullinen", Kustannus-Mäkelä Oy, Karkkila, Finnland, 2004, in deutscher Übersetzung von Brigitte vom Wege

Material: Tiere aus dem Bilderbuch als Aufstell- oder Pappmaschee-Figuren: Frosch, Teddybär, Ratte, Ente, Schwein, Hase, ein kleiner Ball, eine Spielzeuggeige, grüne und braune Tücher

Frosch wachte traurig auf ... und wollte am liebsten weinen, aber er wusste nicht warum.
Teddybär wollte ihn trösten. – Er wollte, dass Frosch fröhlich ist. „Lach mal, Frosch", bat er.
„Ich kann nicht", sagte Frosch.
„Aber ja, gestern konntest du es", sagte Teddybär.
Trotzdem konnte Frosch heute nicht lachen. – Warum konnte er nicht fröhlich sein?
Er wollte selbst herausfinden, warum. – Daraufhin verließ Teddybär ihn.
Ratte kam. – „Sei munter, Frosch!", sagte sie.
„Ich kann nicht", sagte Frosch.
„Aber an einem so schönen Tag!", sagte Ratte. „Bist du etwa krank?"
„Nein", sagte Frosch. „Ich bin nicht krank. Ich bin nur traurig."
„Wie kann ich dich zum Lachen bringen?", fragte Ratte. – Und Ratte begann wild zu tanzen.

Aber Frosch konnte nicht lachen.
Dann spazierte Ratte auf den Händen, aber auch das machte Frosch keine Freude.
Dann balancierte Ratte einen **Ball** auf der Nasenspitze, fast so wie im Zirkus!
Frosch konnte nicht lachen.
Ratte war enttäuscht. – Sie wusste nicht, was sie noch machen könnte. – Aber dann hatte sie eine Idee. – Sie rannte los und holte ihre **Geige** ... und begann eine wunderschöne Melodie zu spielen, so schön, dass Frosch anfing zu weinen. – Er weinte so sehr, dass dicke Tränen über seine Backen flossen.
Je länger Ratte auf ihrer Geige spielte, umso stärker musste Frosch weinen.
„Aber Frosch, warum weinst du?", fragte Ratte.
„Weil du so schön spielst", schluchzte Frosch. – Ein tiefes Gefühl war in seinem Inneren.
Ratte begann zu lachen. – „Kann es sein, dass du ein Dummkopf bist, Frosch?", fragte sie.
Ratte konnte gar nicht mehr aufhören zu lachen. – Frosch stand daneben.
Aber plötzlich fing er an zu lächeln. – Und das Lächeln wurde breiter und breiter ... bis er mit Ratte zusammen lachte, sang und tanzte. – Endlich war Frosch nicht mehr traurig.
Sie lachten so laut, dass **Ente** angerannt kam – und **Schwein** und **Hase** – und zuletzt auch **Teddybär**.

Sie purzelten alle übereinander und wirbelten herum vor lauter Lachen.
„Hohoho“, keuchte Frosch. „Nie in meinem Leben habe ich so viele lachen gesehen, niemals!“
„Lieber Frosch“, sagte Teddybär, „ich bin glücklich, dich wieder lachen zu sehen. Aber warum warst du auf einmal so traurig?“
„Ich war halt so. – Komm, Teddybär, wir gehen nach Hause.“

So geht's: Die Geschichte wird in szenischer Erzählweise vorgetragen. Dazu werden grüne und braune Tücher als Landschaft in der Kreismitte ausgebreitet. Die Kinder sitzen außen herum.
Während der Erzählung agiert die Spielleitung mit den jeweiligen Figuren und Requisiten. Die Erzählung wird dadurch sehr anschaulich, ähnlich einem kleinen Theaterstück, sodass sich auch jüngeren Kindern die Geschichte leichter erschließt und sie über einen längeren Zeitraum konzentriert zuhören können.
Im Anschluss erzählen die Kinder, ob sie auch schon einmal „scheinbar“ ohne Grund traurig waren.

Durch das Nachspielen mit den Figuren oder selbst gewählten Rollen haben die Kinder die Möglichkeit, erlebte Gefühle zu verinnerlichen.

Hinweis: Zum Thema Gefühle bieten sich weitere „Froschgeschichten“ von Max Velthuijs an: „Frosch im Glück“ / „Frosch hat Angst“ / „Frosch ist verliebt“.

Es steht die bi-ba-bunte Kuh

Melodie: volkstümlich („Es tanzt ein Bi-ba-Butzemann"), Text: Autorinnen

2. Der Bauer melkt sie jeden Tag, weil ich die Milch so gerne mag.
   Refrain: Es steht ...

3. Die Milch kommt in die Molkerei, daraus macht man so allerlei.
   Refrain: Es steht ...

4. Und wenn wir in den Laden gehn, dann könn'n wir Milch und Butter sehn.
   Refrain: Es steht ...

5. Wir backen einen Kuchen draus, das wird ein leck'rer Festtagsschmaus.
   Und das verdanken wir der Kuh. Sie ruft uns zu: „Trinkt Milch, muh, muh!"

So geht's: Die Kinder singen das Lied und begleiten den Text mit passenden Bewegungen.

Who stole the cookies from the cookie jar?

Text: überliefert (aus Großbritannien)

Intro:

Who stole the cookies from the cookie jar?	Wer hat den Keks aus der Dose geklaut?
(Name eines Kindes einsetzen)	
Mary stole the cookies from the cookie jar.	*Mary* hat den Keks aus der Dose geklaut.
Who me? *(fragt Mary)*	Wer, ich?
Yes, you! *(alle)*	Ja, du!
Not me! *(sagt Mary)*	Niemals!
Then who? *(alle)*	Wer dann?
Tom stole …	*Tom* hat …

So geht's: Alle sitzen im Kreis und begleiten den Sprechtext rhythmisch durch abwechselndes Klatschen auf die Oberschenkel und in die Hände. Das Spiel kann so lange gespielt werden, bis alle einmal genannt wurden.

Rosinchen kochte süßen Reis

Text: überliefert

Rosinchen kochte süßen Reis,	*Mit dem Zeigefinger*
in einem großen Topf, sehr heiß.	*auf der Innenfläche der anderen Hand rühren.*
Dem gab sie was,	*Daumen ruckeln,*
dem gab sie was,	*Zeigefinger ruckeln,*
dem gab sie was,	*Mittelfinger ruckeln,*
dem gab sie nix.	*Ringfinger ruckeln.*
Lief schnell nach Haus,	*Kleiner Finger läuft über den Tisch und*
und zwar ganz fix.	*verschwindet hinter dem Rücken.*

Buraya bir kuş konmuş (Türkei)

Text: überliefert

Buraya bir kuş konmuş,
bu tutmuş,
bu kesmiş,
bu pişirmiş,
bu yemiş,
bu da okuldan gelmiş,
„Hani bana, hani bana?“ demiş.

Hier ist ein Huhn gelandet,
der hat es gefangen,
der hat es gerupft,
der hat es gekocht,
der hat es gegessen,
der kommt nach Haus und ruft:
„Wo ist mein Stück, wo ist mein Stück?“

So geht's: Die Fingerspitzen auf die Handfläche der anderen Hand tippen. Dann nacheinander auf die einzelnen Finger zeigen, beginnend mit dem Daumen.

Kartoffelmänner

Text: überliefert

Die fünf Kartoffelmänner hier, die suchen ein neues Quartier.	*Alle Finger bewegen sich,*
Der Dickste war der Kartoffelkönig und liebte Salat ein wenig.	*Daumen verbeugen und hin und her wackeln,*
Der Zweite war recht dünn und lang	*Zeigefinger strecken,*
und wurde zu Kuchen in der Pfann'.	*Hände im Wechsel aufeinanderschlagen,*
Der Dritte, ihr könnt es erraten,	*Mittelfinger zeigen,*
der wurde Knödel zum Schweinebraten.	*Knödel darstellen,*
Dem Vierten war es einerlei,	*Ringfinger zeigen,*
drum wurde er Kartoffelbrei.	*Brei rühren darstellen,*
Und dieser Kleine, der heißt Flips,	*kleinen Finger zeigen„*
er wurde zu Kartoffelchips.	*in die Hände klatschen.*
Nun rutschen alle fünfe munter, schnell in unseren Bauch herunter.	*Ganze Hand zeigen, Krabbelbewegung zum Bauch.*

Der hat einen großen Durst

Text: überliefert

Der hat einen großen Durst,
der will lieber eine Wurst,
der will einen Butterwecken,
der will gerne Honig schlecken,
und der kleine Butzemann
schaut vergnügt die andern an.

So geht's: Beginnend mit dem Daumen nacheinander die Finger zeigen.

Der Elefant hat Schnupfen

Text: überliefert

Material: Elefanten-Fingerpuppe aus Tonpapier

Der Elefant hat Schnupfen,
sein Rüssel läuft und ist ganz rot.
Der Elefant hat Schnupfen,
sein Rüssel hängt wie tot.

Der Elefant hat Schnupfen,
er säuft und säuft Kamillentee.
Nun hat er keinen Schnupfen,
es tut ihm nichts mehr weh.

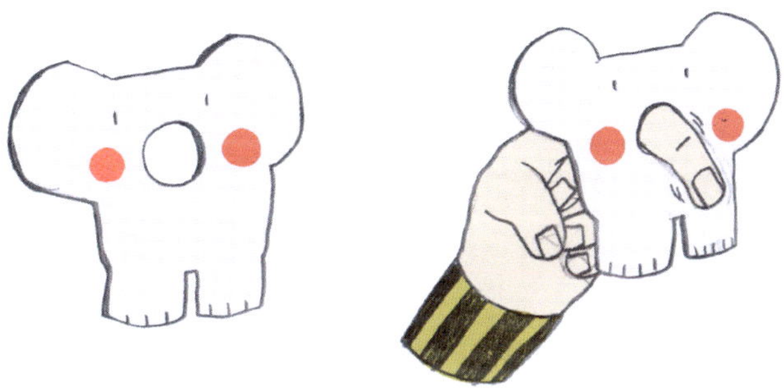

So geht's: Vor dem Morgenkreis schneiden alle Kinder aus Tonpapier eine Elefantenfigur aus (siehe Skizze), wobei in der Mitte des Körpers ein Loch für den Zeige- oder Mittelfinger ausgestochen wird (ggfs. kann der Finger rot angemalt werden). Mit der Elefanten-Fingerpuppe spielen und sprechen alle gemeinsam den Vers.

Zahn von Bürste

Melodie: überliefert („Schornsteinfeger ging spaziern“), Text: Autorinnen

2. Kommt er an ein kleines Haus, schaut dort *Geli Gelbzahn* raus, Gelbzahn raus, schaut dort Geli Gelbzahn raus …
3. „Geli, willst du mit mir gehn?…“
4. „Dafür hab ich keine Zeit …“
5. Kommt er an ein großes Haus, schaut dort *Wackelzahn* heraus, Zahn heraus, schaut dort Wackelzahn heraus.
6. „Wackel, willst du mit mir gehn? …“
7. „Muss ich erst zum Zahnarzt gehn …“
8. Kommt er an ein schiefes Haus, schaut dort *Fuzzi Faulzahn* raus, Faulzahn raus, schaut dort Fuzzi Faulzahn raus.
9. „Fuzzi, willst du mit mir gehn? …“
10. „Darauf hab ich keine Lust …“
11. Kommt er an ein schönes Haus, schaut dort *Bibi Blinkzahn* raus, Blinkzahn raus, schaut dort Bibi Blinkzahn raus.
12. „Bibi, willst du mit mir gehn? …“
13. „Ja, ich werde mit dir gehn …“
14. Und es gab ein Hochzeitsfest …

So geht's: Vor Beginn des Spiels werden folgende Rollen vergeben: *Zahn von Bürste, Geli Gelbzahn, Wackelzahn, Fuzzi Faulzahn, Bibi Blinkzahn* sowie das *Haus* (zwei Kinder stehen sich in der Kreismitte gegenüber, fassen sich an den Händen, strecken einen Arm in die Luft [Dreieck], die andere Hand bildet mit der Partnerhand eine Gerade, sodass ein Fenster entsteht). Bis auf *Zahn von Bürste* bilden zunächst alle einen Kreis und singen. *Zahn von Bürste* geht im Innenkreis herum. Nach und nach lösen sich die Rollen aus dem Kreis, schauen durch das Fenster in der Kreismitte und gehen dann wieder zurück. Nur Bibi Blinkzahn reicht Zahn von Bürste die Hand und dreht mit ihm eine Runde. In der letzten Strophe fassen sich alle an der Hand und tanzen.

Das kranke Krokodil

Text: überliefert

Material: Krokodilhandspielpuppe

Text	Bewegung
Ich hab ein Krokodil gesehn,	
das kann – o Wunder – aufrecht gehn.	
Es läuft herum, ist gar nicht faul	
und öffnet gern sein Maul.	*Mund auf- und zuklappen.*
Morgens kommt es kaum heraus,	
dann gähnt es und sieht furchtbar aus.	*Gähnen, Zunge kurz durch die Lippen strecken.*
Am Tag flitzt es im Dauerlauf	*Mit der Zunge Lippen umfahren,*
und macht sein Maul oft auf.	*Mund auf- und zuklappen.*
Doch heut liegt es – was geht hier ab –	
am Boden und ist ganz schön schlapp.	*Zunge liegt flach im Mund,*
Es wälzt sich hin und wieder her,	*Zunge in die linke und rechte Backe,*
das Atmen fällt ihm wirklich schwer.	*tief mit geschlossenem Mund atmen,*
Es fängt auch noch zu weinen an,	*weinen.*
was so ein Krokodil auch kann.	
Es trinkt die Medizin und zuckt	*Trinkbewegung,*
und schüttelt sich und schluckt und schluckt,	*schlucken,*
verzieht das Krokodilsgesicht,	*Grimassen ziehen.*
denn dieser Saft, der schmeckt ihm nicht.	
Doch irgendwann, da steht es auf	*Kinder stehen auf und laufen im*
und läuft davon im Dauerlauf.	*Kreis herum.*

So geht's: Die Kinder sitzen im Kreis. Die Spielleitung stellt das Krokodil vor, spricht das Gedicht und macht dabei die entsprechenden Bewegungen mit der Handspielpuppe und dem eigenen Mund. Die Kinder ahmen diese nach.
Dieses Spiel ist ein gutes Training der Kiefer-, Lippen- und Zungenbeweglichkeit –wichtige Voraussetzungen für die Artikulationsfähigkeit.

Durch die Jahreszeiten

Frühling

Sommer

Herbst

Winter

Das Frühlingsspiel

Aus dem Theaterstück „Frühlingskitzel“ der Reihe „ Mein Jahreszeitenquartett“
© TheaterFusion, Berlin (www.theaterFusion-berlin.de)

	alle stehen, „Schlafhaltung“: z.B. Augen zu...
Der Frühling weckt uns mit seinem Klang:	
Dinge Dang – Dinge Dang!	*Augen auf, gähnen ...*
Ich ri-	*einen Arm hinauf recken, fallen lassen*
ich ra-	*andern Arm hinauf recken, fallen lassen*
ich recke mich.	*beide Arme hinauf recken*
	ggf. spielerisch wiederholen
Ich stri-	*ein Bein vor schieben, zurück ziehen*
ich stra-	*anderes vor schieben, zurück ziehen*
ich strecke mich.	*auf Zehenspitzen heben, mit Armen so lang, wie möglich machen*
Es zi-	*Hüfte/Popo nach li. schieben*
es za-	*Hüfte/Popo nach re. schieben*
es zappelt mich,	*mit Hüfte/Popo silbenweise weiter zappeln*
der Frühling kribbelt –	*Kribbelfinger zuerst vor sich in die Luft kribbeln lassen*
er kribbelt und er krabbelt mich.	*Die Krabbelfinger von den eigenen Zehen aufwärts krabbeln lassen, bis zum höchsten Punkt, dabei die Körperteile benennen:*
Die Zehen, die Füße, die Beine, Waden, Schienbein, Knie, Oberschenkel, den Po, den Bauch, die Brust, den Hals das Gesicht.	
Den Pi-	*rechte Hand auf linke Hüfte*
den Pa-	*linke Hand auf rechte Hüfte (Arme über Kreuz)*
den Pulli weg,	*Ausziehbewegung: beide Händen nach oben schieben und über dem Kopf groß öffnen*
die Schi-	*Mit einem Fuß aufstapfen*
die Scha-	*Mit anderem Fuß aufstapfen*
die Schuh ins	*Silbenweise weiter machen*
Eck.	*Hüpfer*

Die Füße laufen durch das Gras,	
da sitzt dann schon der	*auf der Stelle laufen*
Osterhas.	*hinhocken*
Wo sind Eure Hasenpfötchen?	*Geste*
Wo sind Eure Hasenzähnchen?	*Oberlippe hochziehen, Schneidezähne über Unterlippe.*
Wo sind Eure Hasenlöffelöhrchen?	*Hände als Ohren*

So geht's: Gemeinsam den Vers sprechen und dabei die angegebenen Hinweise mit ausdrucksstarken Bewegungen pantomimisch darstellen.

Kuckuck, Kuckuck, ruft's aus dem Wald

Melodie: volkstümlich (aus Österreich), Text: Hoffmann von Fallersleben

2. Kuckuck, Kuckuck, lässt nicht sein Schrei'n:
„Komm in die Felder, Wiesen und Wälder!
Frühling, Frühling stelle dich ein."

3. Kuckuck, Kuckuck, trefflicher Held!
Was du gesungen, ist dir gelungen.
Winter, Winter räume das Feld.

So geht's: Alle stehen im Kreis. Ein ausgewähltes Kind nimmt seine Hände trichterförmig vor seinen Mund und ruft *„Kuckuck"*. Nun singt die Gruppe gemeinsam den weiteren Vers. Bei der mittleren Zeile drehen sich die Kinder um sich selbst und springen hoch, zur Abschlusszeile klatschen sie in die Hände.

Das Amselnest

Melodie und Text: überliefert

So geht's: Ein Kind als Amsel auswählen. Alle reichen sich die Hände, bilden einen Kreis und singen das Lied. Die Amsel geht im Uhrzeigersinn im Kreis umher. Bei *„und die sprach so"* bleibt sie stehen. Das Kind, das vor der Amsel steht, wird angesungen und geht mit ihr Hand in Hand im Kreis. So wird weiter gespielt, bis alle Kinder mit der Amsel im Kreis gehen. Zum Schluss setzen sich alle Kinder, bis auf die Amsel, dicht gedrängt im Kreis auf den Boden und bilden ein Nest. Die Amsel sitzt in der Mitte und behütet ihre Jungen.

Vorbereitung: Herstellung Amselschnabel

Material: schwarzes (ca. 20 × 10 cm) und gelbes (ca. 10 × 10 cm) Tonpapier, Geodreieck, Bleistift, Radiergummi, Schere, Klebstoff, Gummiband, Locher

Bastelanleitung: Das schwarze Tonpapier falten und eine halbe Maske zeichnen und ausschneiden (am Faltrand sollte die Maske ca. 3,5 cm hoch sein). Für den Schnabel auf das gelbe Tonpapier, beginnend am Rand, eine 7 cm lange Linie zeichnen, einen 35-Grad-Winkel mit dem Geodreieck abmessenund wieder eine 7 cm lange Linie zeichnen. Noch einmal 35 Grad abmessen und wieder eine Linie (7 cm) zeichnen. Die Enden der Linien verbinden und an die neuen Linien Faltränder zeichnen. Den Umriss ausschneiden. Die inneren Linien nicht schneiden, sondern leicht einritzen und falten, sodass der Schnabel an die Maske geklebt werden kann. Die Maske an beiden Seiten lochen und ein Gummiband durchziehen.

Pusteblumen

Material: Trinkhalm

Pusteblumen wunderbar,
öffnen jetzt ihr Silberhaar.
Sie lassen ihre Schirmchen fliegen
und versteckt am Waldrand liegen.

So geht's: Die Kinder sitzen als Pusteblumen im Stuhlkreis. Sie sprechen oder singen den Vers zu einer einfachen Singsangmelodie. Ein Kind geht als Wind im Innenkreis umher und pustet mit einem Trinkhalm einige Blumen an. Am Ende des Liedes springen die angepusteten Kinder auf und wechseln ihre Plätze, wobei der „Wind" auch einen freien Sitzplatz finden muss. Das Kind, das keinen Sitzplatz gefunden hat, spielt in der nächsten Runde den Wind.

Sonnengruß der Finger

Text: überliefert

Fünf Fingerlein, die schlafen fest, wie Vöglein in ihrem Nest.
Da schien die Sonne vom Himmel herab, davon ist der Daumen zuerst aufgewacht.
Der reckt sich und streckt sich und ruft dann erfreut:
„Guten Morgen, Frau Sonne, schön ist es heut!"
Er klopfte dem zweiten auf die Schulter ganz sacht, da ist er aufgewacht.
Der reckt sich und streckt sich und ruft dann erfreut:
„Guten Morgen, Frau Sonne, schön ist es heut!"
Da haben die beiden gescherzt und gelacht,
davon sind die drei anderen auch aufgewacht.
Die recken sich und strecken sich und rufen erfreut:
„Guten Morgen, Frau Sonne, schön ist es heut!"

So geht's: Den Text zunächst vorsprechen und bei Wiederholungen gemeinsam sprechen. Dazu die Finger ausdrucksvoll bewegen.

Sonnenschutzgymnastik

Gehst du bei Sonne an den Strand, hüte dich vor Sonnenbrand.

Cremen, reiben, balsamieren, im Sommer kann so viel passieren.
Du musst gut die Haut beschützen, mit Ölen, Cremes und auch mit Mützen.
Dreimal um die Nase schmieren, Hals und Ohren gratulieren.
Feste auf die Tube drücken, schütze jetzt noch Bauch und Rücken.
Mach noch schnell die Arme krumm, wer den Zeh vergisst, ist dumm.
Ojemine, oje,, du tust ja grad, als tät's dir weh!

So geht's: Den Vers sprechen und dazu die Tätigkeiten pantomimisch zeigen.

Sonnenblumen

1. Die Sonnenblumen könn'n wir sehn,
   auf Feldern und den Gärten schön.
   Fideralala ...

2. Man sieht die Köpfe schon von fern,
   sie recken sich zur Sonne hin.
   Fideralala ...

3. Der Samen schmeckt den Vögeln sehr,
   sie picken rasch die Blüten leer.
   Fideralala ...

4. Im nächsten Jahr, im nächsten Jahr,
   da wächst sie wieder, wunderbar.
   Fideralala ...

So geht's: Die Kinder stehen als Sonnenblumen verteilt im Raum. Sie singen gemeinsam die Verse (nach der bekannten Melodie „Ein Vogel wollte Hochzeit feiern") und zeigen dazu die passenden pantomimischen Bewegungen, z.B.: mit der Hand vor der Stirn Ausschau halten, Köpfe in eine Richtung recken, mit einem Finger auf den Kopf tippen (picken), sich aus der Hocke aufrichten. Zum Refrain klatschen alle.

Wer will fleißige Ameisen sehn

Melodie: überliefert, Text: Autorinnen

Refrain: Wer will fleißige Ameisen sehn, der muss in den Wald reingehn.
2. Schleppen schwer, schleppen schwer, laufen kreuz und laufen quer.

Refrain: Wer will fleißige Ameisen sehn ...
3. Ziehen hier, schleppen da, und alle helfen mit, na klar.

Refrain: Wer will fleißige Ameisen sehn ...
4. Bauen fein, bauen fein, ihr Nest, das wird bald fertig sein.

Refrain: Wer will fleißige Ameisen sehn ...
5. Königin, die fliegt hinein, bald schon wird die Hochzeit sein.

So geht's: Das Lied gemeinsam singen. Die im Liedtext benannten Tätigkeiten pantomimisch darstellen und zum Refrain klatschen.

Bienenkönigin

Abzählvers

Biene fliegt zum Bienenhaus,
da schaut die Königin heraus.
Summ, summ, summ,
du fällst um.

So geht's: Die Kinder wählen mit dem Abzählvers eine Bienenkönigin und bilden anschließend Paare. Die Königin gibt nun unterschiedliche Befehle, z. B. *„Bienen, fasst euch bei den Händen"*, *„Bienen, stellt euch Rücken an Rücken"*, *„Bienen, schlagt mit euren Flügeln"*.
Die Bienenpaare führen die Befehle der Königin aus. Ruft die Bienenkönigin allerdings *„Schwärmt aus, fleißige Bienen"*, lösen sich die Paare und suchen sich eine:n neue:n Partner:in. Die Königin versucht ebenfalls, eine:n Partner:in zu finden. Wer niemanden findet, wird die nächste Bienenkönigin.

Heute sollen Drachen steigen

Text: überliefert„ Melodie: „Alle meine Entchen“

Material: für jedes Kind ein leichtes Tuch

1. Heute sollen Drachen steigen,
   komm, wir laufen los! Komm, wir laufen los!
   Über abgemähte Felder steigt der Drachen hoch.
   Über abgemähte Felder steigt der Drachen hoch.

2. Hoch und höher fliegt er,
   kann ihn kaum mehr sehn, kann ihn kaum mehr sehn.
   Mit den dicken Wolken wiegt er, hei, die Winde wehn!
   Mit den dicken Wolken wiegt er, hei, die Winde wehn!

So geht's: Jedes Kind führt ein leichtes Tuch als Drachen. Während des Singens macht dieser Drachen verschiedenste Flugbewegungen, z. B. über dem Kopf, auf dem Boden, fliegt eine Acht in der Luft, von einer Hand in die andere, von einem zum anderen Kind.

Variation: Gemeinsam mit der Spielleitung überlegen die Kinder, wie sie einen Drachen bauen können. In welcher Farbe und welchem Material kann er fliegen?

Nebel

Text: überliefert

Material: großes durchscheinendes weißes Tuch (z. B. Gardine)

Nebel, Nebel, weißer Hauch,
walle über Baum und Strauch.

Nebel, Nebel, weiße Wand,
fliege hin ins weite Land.

Fliege über Tal und Höhen,
lass keine Kinder jetzt mehr sehen!

So geht's: Das Nebellied nach einer eigenen Singsang-Melodie singen. Die Kinder liegen nebeneinander auf dem Boden und das Tuch liegt auf ihren Füßen. Alle singen den Vers, und mit jeder Strophe ziehen sie das Tuch ein Stück weiter auf ihre Körper, bis sie zum Schluss alle bedeckt sind.

Variation: Jedes Kind erhält ein eigenes durchscheinendes weißes Tuch und bewegt sich damit frei durch den Raum. Am Ende jeder Strophe bedeckt es damit einen anderen Körperteil.

Herbstlaub

Langsam fällt jetzt Blatt für Blatt	*Die Arme strecken und die Hände langsam senken,*
von den bunten Bäumen ab.	*wiederholen.*
Jeder Weg ist dicht besät	*Auf der Stelle gehen, Füße über den Boden schaben,*
und es raschelt, wenn man geht.	*die Handflächen aneinander reiben.*

So geht's: Gemeinsam den Vers sprechen und dazu die angegeben Bewegungen und Geräusche machen.

Ich hol mir eine Leiter

Melodie und Text: überliefert

1. Ich hol mir eine Leiter und steige auf den Apfelbaum,
   Pantomimisch das Greifen und Hinstellen der Leiter darstellen.
   dann steig ich immer weiter, so hoch, man sieht mich kaum.
   Mit Händen und Füßen Kletterbewegungen machen.
   Ich pflücke, ich pflücke, mal über mir, mal unter mir,
   mal links und mal rechts, mein ganzes Körbchen voll.
   Mit einer Hand festhalten, mit der anderen Pflückbewegungen nachahmen.

2. Dann steig ich immer weiter und halt mich an den Zweigen fest.
   Mit Händen und Füßen Kletterbewegungen machen.
   Dann setz ich mich gemütlich auf einen dicken Ast.
   In die Hocke gehen.
   Ich wippe, ich wippe, diwippdiwapp, diwippdiwapp.
   Ich wippe, ich wippe und falle nicht hinab.
   In der Hocke wippen.
   Knicks, knacks, plumps …
   Aus der Hocke auf den Boden umfallen (= Hinabfallen vom Baum).

So geht's: Gemeinsam das Lied singen und die Bewegungsvorschläge durchführen.

Die Riesenpflaume

Da oben auf dem Baume, eins, zwei, drei,
da wächst 'ne Riesenpflaume, eins zwei, drei.
Da unten auf der Wiese, eins, zwei, drei,
da wartet Tante Liese, eins, zwei, drei.
Plötzlich fällt die Pflaume, eins, zwei, drei,
herunter von dem Baume, eins, zwei, drei.
Plumpst neben Tante Liese, eins, zwei, drei,
die liegt jetzt auf der Wiese, eins, zwei, drei.

So geht's: Passend zum Text und mit gestreckten Armen rhythmisch nach oben oder unten zeigen, mit drei Fingern zählen und sich zum Schluss auf den Boden fallen lassen.

Kastanienlied

Melodie und Text: überliefert

2. Kommt der Wind, kommt der Wind, fallen viele Blätter
von dem Baum herab, von dem Baum herab, leise, leise. So.

3. Bläst der Wind, bläst der Wind, freuen sich die Kinder
auf Kastanien, auf Kastanien, plum, plum, plum, plum, plum.

So geht's: Die Kinder singen das Lied und stellen den Text pantomimisch dar. Dabei stellen sie sich auf ihre Stühle und lassen dabei nacheinander Kastanienblätter bzw. Kastanien fallen.

Geschichte einer Schlittenfahrt

Kater Karlo schleicht durch den schneebedeckten Garten. Er langweilt sich.

„Hallo Karlo", ruft da Else Elster, die oben auf dem Zaun sitzt. „Ist dir auch so langweilig?" Karlo schaut zu ihr hoch: „Dann komm doch runter!"

Else fliegt herab, direkt in die offene Garage. Sie setzt sich auf die Fahrradklingel. „Himmel, Else Elster, was erschreckst du mich so, was ist?", fragt das Fahrrad.

„Ach", kräht sie, „Kater Karlo und mir ist so langweilig. Fährst du etwas mit uns?" – „Au ja", ruft der Kater, „das wird lustig." Das Fahrrad überlegt nicht lange und stimmt zu.

Da hören sie aus der Garagenecke eine Stimme: „Könnt ihr mich auch mitnehmen, hier verroste ich doch nur." Das war Schlitten Bahnfrei. Seit Herr Müller alt ist, war er im Winter nicht mehr auf der Schlittenwiese.

Bahnfrei hängt sich an das Fahrrad, Else Elster bleibt auf der Klingel hocken, und Kater Karlo setzt sich bequem auf den Schlitten. Los geht die Fahrt. Sie können gar nicht genug kriegen.

Plötzlich hören sie alle das Auto. Herr Müller kommt zurück. Schnell fährt das Rad zurück in die Garage, der Schlitten rutscht in seine Ecke und Else Elster setzt sich auf den Zaun.

Nur Kater Karlo bleibt auf dem Schlitten liegen. Das Auto rollt langsam in die Garage, Herr Müller steigt aus, streichelt Kater Karlo über den Kopf. Bevor er jedoch ins Haus geht, murmelt er: „Komisch, diese Spuren, waren die vorhin auch schon da?"

„Glück gehabt", denkt Karlo, „der Tag war spitze!"

So geht's: Die Spielleitung beginnt und spricht: *„Fantasie, Fantadu, schließe beide Augen zu. Ich höre was, was du nicht siehst, und das klingt so: miau, miau, miau"* (Katzenlaute imitieren). Den Spruch wiederholen und weitere Geräusche nachahmen: den Ruf der Elster, Autogeräusche, Fahrradklingel, Rutschen des Schlittens. Nun erzählt die Spielleitung die Geschichte von der Schlittenfahrt. Immer dann, wenn die Tiere oder Dinge in der Geschichte genannt werden, imitieren die Kinder das passende Geräusch.

Frierende Finger

Fünf Finger sitzen dicht an dicht.
Sie wärmen sich und frieren nicht.
Der Erste sagt: „Auf Wiedersehen!"
Der Zweite sagt: „Ich will jetzt gehen!"
Der Dritte, der hält es nicht mehr aus.
Der Vierte geht zur Tür hinaus.
Der Fünfte ruft: „He ihr, ich frier!"
Da wärmen ihn die anderen vier!

So geht's: Den Vers sprechen und dazu erst eine Faust zeigen und dann nacheinander die einzelnen Finger zeigen, zum Schluss wieder eine Faust bilden.

Die drei Spatzen

Text: Christian Morgenstern

In einem leeren Haselstrauch
da sitzen drei Spatzen, Bauch an Bauch.
Der Erich rechts und links der Franz
und mittendrin der freche Hans.
Sie haben die Augen zu, ganz zu,
und obendrüber da schneit es, hu!
Sie rücken zusammen dicht an dicht.
So warm wie der Hans hats niemand nicht.
Sie hör'n alle drei ihrer Herzlein Gepoch.
Und wenn sie nicht weg sind, so sitzen sie noch.

So geht's: Die Hände so ineinanderfalten, dass zwischen dem rechten Daumen (Erich) und linken Daumen (Franz) der gebogene Zeigefinger (Hans) liegt. Die Finger passend zum Vers bewegen.

Karla auf dem Schneespielplatz

Karla wohnt im ersten Stock in einem Hochhaus in der Stadt. Als sie heute Morgen wach wird, reckt und streckt sie sich. Aber es ist alles anders als sonst. Es ist so still. Kein Autolärm und kein Rattern der Straßenbahn ist zu hören.

Karla zieht den Rollladen hoch und sieht aus dem Fenster. Sie reibt sich die Augen. Es hat in der Nacht geschneit. Eine dicke weiße Schneedecke liegt auf der Straße und dem Bürgersteig. Sie schaut nach oben, zu den Bäumen und Dächern, alles ist vom Schnee bedeckt.

Rasch streift Karla die Jeans über die Schlafanzughose, zieht den warmen Pullover an, springt in die Stiefel, setzt die Mütze auf den Kopf und läuft zur Tür hinaus. Doch halt, sie hat die Handschuhe vergessen. Also zurück ins Zimmer. Wo sind nur die verflixten Handschuhe? Gestern lagen sie noch auf dem Tisch. Sind sie vielleicht in der Spielkiste oder unter dem Bett? Nein, da sind sie, sie liegen auf der Heizung. Ruckzuck steckt sie die Hände in die neuen Fäustlinge. Jetzt aber hurtig nach draußen, bevor der Schnee wieder weg ist.

Karla läuft um die Hausecke. Sie will unbedingt wissen, ob der Spielplatz auch unter einer Schneedecke liegt. Doch ups, was war das? Karla sitzt plötzlich auf dem Po. Gut, dass sie zwei Hosen angezogen hat und der Schnee so weich ist.

Karla steht auf und stapft weiter. Ja, wie sieht es denn hier aus? Sie schaut sich um: Dort, wo eigentlich der Sandkasten angebracht ist, wo die Leiter zur Rutsche steht und wo der Schaukelsitz sonst baumelt, sind nun lauter kleine weiße Hügel zu sehen. Karla steigt durch den Schnee auf das Klettergerüst. Von hier oben hat sie eine gute Sicht auf den gesamten Spielplatz. Da hört sie die Stimmen und das Lachen ihrer Freunde. Alle rutschen nun auf dem Po den Hügel hinunter und sie machen eine Schneeballschlacht.

Aber bald wird es Karla zu kalt, sie friert und hat Hunger. Sie winkt ihren Freunden zu. Morgen wollen sie einen Schneemann bauen. Das wird ein Spaß!

So geht's: Während die Spielleitung die Geschichte erzählt, machen die Kinder mit und stellen Karlas Aktivitäten pantomimisch dar.

Schneemann und Schneefrau

Schneemann und Schneefrau, *Daumen jeder Hand aufstellen.*
die stehn an ihrem Platz.
Doch wenn die Sonne scheint ganz warm, *Mit den Armen einen Kreis zeigen,*
zerfließen sie zu Matsch. Patsch! *Daumen auf die Fäuste legen.*
Der Schneemann und die Schneefrau, *Daumen wieder aufstellen,*
die machen einen Schwatz. *beide Daumen berühren sich.*
Doch wenn dann noch der Regen fließt,
ist's aus mit ihnen – klatsch! *In die Hände klatschen.*

So geht's: Den Text des Fingerspiels sprechen und dazu die angegebenen Finger zeigen.

Schlitten fahren

Fünf Brüder gehen durch den Wald, *Eine Hand hochhalten.*
der Weg ist hart, die Luft ist kalt.
Der Erste sagt: „Oh, Bruder, schau, *Daumen zeigen.*
die Wolken sind so schwer und grau!"
Der Zweite sieht hinauf zur Höh': *Zeigefinger zeigen.*
„Ich glaube", sagt er, „es gibt Schnee!"
Der Dritte schaut und sagt sodann: *Mittelfinger zeigen.*
„Es fängt ja schon zu schneien an!"
Der Vierte hält die Hände auf, *Ringfinger zeigen.*
da fällt ihm weicher Schnee darauf.
Der Fünfte ruft: „Ich lauf nach Haus *Kleinen Finger zeigen.*
und hole unsern Schlitten raus!"
Nun setzt euch auf, ihr lieben Brüder, *Eine Hand flach mit dem Handrücken nach*
und saust mit mir den Berg hernieder. *oben, die andere darauflegen.*

So geht's: Den Text des Fingerspiels sprechen und dazu die angegebenen Finger zeigen.

Feste feiern

Fasching

Ostern

Heut ist dein Geburtstag

Heut ist dein Geburtstag, tra-le-la-la-la, tra-le-la-la-la.
Heut ist dein Geburtstag, tra-le-la-la-la, tra-le-la-la-la.

Du wirst heut zwei Jahre, tra-le-la-la-la, tra-le-la-la-la.
Du wirst heut zwei Jahre, tra-le-la-la-la, tra-le-la-la-la.

Wir tanzen und wir singen, tra-le-la-la-la, tra-le-la-la-la.
Wir tanzen und wir singen, tra-le-la-la-la, tra-le-la-la-la.

So feiern wir ein schönes Fest, tra-le-la-la-la, tra-le-la-la-la.
So feiern wir ein schönes Fest, tra-le-la-la-la, tra-le-la-la-la.

So geht's: Das Geburtstagskind sitzt in der Kreismitte. Die Kinder singen die Verse zu einer einfachen Melodie, zeigen mit den Fingern das Alter, klatschen in die Hände und tanzen um das Geburtstagskind herum.

Geburtstagswünsche

Alle Tauben gurren es,
alle Katzen schnurren es,
alle Bienen summen es,
alle Bären brummen es,
alle Leute sind erfreut:
Dein Geburtstag, der ist heut.

Für das nächste Wegestück,
wünschen wir dir einen Berg von Glück.
Dazu starke Arme, schnelle Beine,
Grips im Kopf, Zufriedenheit kommt von alleine.
Und von allem viel, das ist toll,
mach dir deine Taschen voll.

So geht's: Alle sprechen das Gedicht und stellen die Aussagen der einzelnen Zeilen pantomimisch mit den jeweiligen Geräuschen der Tiere dar.

Kleines Kätzchen sagt Miau

Material: Augenbinde

In unserm kleinen Haus,
da wohnt Familie Maus.
Die Kleinste guckt heraus
und wird Geburtstagsmaus.

So geht's: Alle sitzen im Kreis. Ein Kind, die Geburtstagsmaus, wird durch einen Abzählreim bestimmt und bekommt die Augen verbunden. Diese schleicht nun im Kreis herum, hält bei einem anderen Kind und spricht: *„Ich bin die Geburtstagsmaus, ich bin sehr schlau, du kleines Kätzchen, sag mal Miau!"* Daraufhin miaut das angesprochene Kätzchen. Nach dem Gehör soll die Geburtstagsmaus nun seinen Namen erraten. Wenn es gelingt, den richtigen Namen des Kindes zu nennen, werden die die Rollen getauscht.

Glückwünsche aus dem Zoo

1. Ich bin die kleine Glückwunsch-Maus
und strecke dir mein Pfötchen aus.

2. Ich bin die sanfte Glückwunsch-Katze
und streichel dich mit meiner Tatze.

3. Ich bin der freche Glückwunsch-Hase
und zupfe dich an deiner Nase.

4. Ich bin der Glückwunsch-Elefant
und reich dir meine Rüssel-Hand.

5. Ich bin das Glückwunsch-Känguru
und werf dir eine Kusshand zu.

6. Ich bin der Glückwunsch-Papagei
und gratulier mit viel Geschrei.

7. Zum Schluss wünscht dir die ganze Schar:
„Ein frohes neues Lebensjahr!"

So geht's: Die Rollen werden vor dem Spiel verteilt. Sind die Kinder sprachlich noch nicht in der Lage, ihre Rolle selbst zu sprechen, kann auch die Spielleitung den Text sprechen. Die einzelnen Tiere gehen zum Geburtstagskind und führen dort die Bewegungen passend zum Text aus.

Happy birthday to you

Text und Melodie: überliefert

Das bekannte Geburtstagslied in vier Sprachen:

Englisch
Happy birthday to you,
happy birthday to you,
happy birthday dear …
happy birthday to you.

Türkisch
Iyi ki dogdun …
Iyi ki dogdun …
Iyi ki dogdun, iyi kidogdun,
Iyi kidogdun …

Deutsch
Zum Geburtstag viel Glück,
zum Geburtstag viel Glück,
zum Geburtstag liebe:r …,
zum Geburtstag viel Glück.

Italienisch
Tanti auguri a te,
tanti auguri a te,
tanti auguri, tanti auguri,
tanti auguri a te.

So geht's: Alle singen gemeinsam das Lied und klatschen dazu in die Hände. Bei der Namensnennung zeigen sie auf das Geburtstagskind.

Finde die Geburtstagsschatzkiste

Kerzenlicht und Kuchenduft
und etwas Geburtstagsluft.
Alles ist so feierlich,
Geburtstagskiste, öffne dich!

So geht's: Das Geburtstagskind wird aus dem Raum geschickt. Währenddessen verstecken die Kinder die Geburtstagskiste, in der sich das Geschenk befindet, gemeinsam mit einem laut tickenden Wecker. Das Geburtstagskind muss nun durch Hören des tickenden Weckers die Geburtstagskiste finden.
Bei jüngeren Kindern können die Älteren durch Zuruf von *„Heiß!"* und *„Kalt!"* helfen.
Hat das Geburtstagskind die Kiste gefunden, wird sie auf den Geburtstagstisch gestellt und mit einem Zauberstab und dem Zauberspruch oben geöffnet.

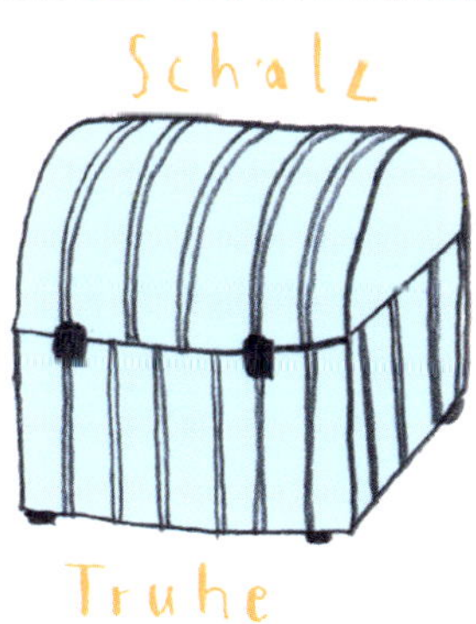

Wenn eine Kerze brennt

Text: überliefert

Wenn eine Kerze brennt,
feiern wir Advent.
Später brennen zwei, drei Kerzen,
freuen sich die Kinderherzen.
Brennen der Kerzen vier,
feiern Weihnacht wir.

So geht's: In der Adventzeit wird der Morgenkreis – gemeinsam mit den Kindern – mit diesem Spruch eröffnet. Eventuell eine eigene Melodie entwickeln.

Komm herein, Sankt Nikolaus

Lino, Annabell, Joshua, Timo und Claus	*Finger einer Hand zeigen,*
warten auf den Nikolaus.	*Wartehaltung einnehmen.*
Mit dem Stabe so gebogen,	*Stab in die Luft zeichnen,*
kommt er durch die Stadt gezogen.	*auf der Stelle gehen.*
Hat eine hohe Mütze (Mitra) auf,	*Hände über dem Kopf aneinanderlegen,*
mit einem goldenen Kreuze darauf.	*Zeigefinger zu einem Kreuz legen.*
„Komm doch herein, Sankt Nikolaus,	*Hereinwinken,*
und leer dein volles Säckchen aus!“	*imaginären Sack mit beiden Händen schütteln.*

So geht's: Die Kinder stehen im Kreis, sprechen gemeinsam den Vers und führen dazu die genannten Bewegungen aus.

Nikolausbesuch

Material: Ruck- oder Jutesack, evtl. Leckereien für jedes Kind

Der Nikolaus geht um das Haus,
er will dich heut besuchen.
Er kommt von weit her,
sein Sack ist so schwer,
von Nüssen und von Pfefferkuchen.

So geht's: Die Kinder sitzen im Kreis. Mithilfe eines Abzählverses wird das erste Nikolauskind ermittelt. Es trägt einen Rucksack auf dem Rücken, geht um den Kreis herum und stellt den Sack während der letzten Zeile hinter einem Kind ab. Dieses ist der nächste Nikolaus.

Variation: In dem Sack können sich auch echte Leckereien befinden, die von dem Nikolauskind nacheinander in jeder Wiederholungsrunde verteilt werden, bis alle eine Leckerei bekommen haben.

Es stapft ein Ni-Na-Nikolaus

Text: Autorinnen, Melodie: „Es tanzt ein Bi-Ba-Butzemann“

Material: Rucksack oder leerer Kartoffelsack, Nüsse, Äpfel, Mandarinen

Es stapft ein Ni-Na-Nikolaus
in unserm Kreis herum.
Es stapft ein Ni-Na-Nikolaus
in unserm Kreis herum.
Er rüttelt sich, er schüttelt sich,
er stellt sein Säckchen hinter dich.
Du bist jetzt gleich der Nikolaus
und stapfst im Kreis herum.

So geht's: Alle Kinder fassen sich bei den Händen und gehen im Kreis. Ein Kind spielt den Nikolaus und geht stampfend in entgegengesetzter Richtung um den Außenkreis. Die Bewegungen entsprechend dem Liedtext ausführen. Dann stellt der Nikolaus das Säckchen hinter einem Kind ab. Dieses darf sich eine Nuss o.Ä. herausnehmen und geht als neuer Nikolaus im Kreis herum.

Nikolaus backt Walnusskuchen

Kommt der Nikolaus daher,	*Zeige- und Mittelfinger der linken Hand wandern über den Tisch,*
kommt zum Walnussbaum.	*rechten Unterarm als Baum aufstellen.*
Schaut hinauf und freut sich sehr,	*Nach oben sehen,*
Nüsse wie im Traum.	*Augen schließen.*
Und er schüttelt, rapp, zapp, zapp,	*Arm schütteln,*
fallen alle Nüsse ab.	*mit den Fingern auf den Tisch klopfen.*
Hebt sie auf in seinen Sack,	*Faust als Sack, die andere Hand tut etwas hinein,*
trägt nach Haus ihn huckepack.	*Rücken krümmen, imaginären Sack tragen.*
Backt einen leckeren Walnusskuchen.	*Pantomimisch Kuchen ausrollen,*
„Ihr Kinder könnt ihn gern versuchen!“	*Lockbewegung mit der Hand.*

So geht's: Alle Kinder sitzen im Kreis, sprechen den Vers und führen die genannten Bewegungen aus.

Der Nikolausstiefel kippt um

Material: jeweils mehrere Abbildungen von Apfel, Nuss, Lebkuchen, Schokolade

So geht's: Die Kinder sitzen im Kreis, ein Sitzplatz weniger als Mitspieler:innen. Die Spielleitung verteilt an jedes Kind Abbildungen von Apfel, Nuss, Lebkuchen, Schokolade und fordert die „Äpfel" auf, ihre Plätze zu tauschen. Dann sollen beispielsweise „Nüsse" und „Lebkuchen" ihre Plätze tauschen.
Bei dem Ruf *„Der Stiefel kippt um!"* wechseln alle ihre Plätze. Auch die Spielleitung versucht, einen Sitzplatz zu bekommen. Wer übrigbleibt, darf als Nächstes zum Platzwechsel auffordern.

Was trägt der Nikolaus in seinem Sack?

Text: überliefert

Material: Jutesack, 3–8 verschiedene Gegenstände (Früchte, Nüsse, Backförmchen, o.Ä.)

Der Nikolaus, der Nikolaus,
der geht bei uns von Haus zu Haus.
Ihr seht ihn hier im Kreise gehn,
halt, Nikolaus, bleib stehn, bleib stehn!

Sag, hast du mir was mitgebracht?
Ach, das hätte ich ja nicht gedacht.
Drum fass ich in den Sack hinein
und rate dann: Was kann es sein?

So geht's: Die Kinder sitzen im Kreis. Alle singen das Lied zu einer Singsang-Melodie. Ein Kind geht als Nikolaus mit einem Sack im Kreis herum. Darin befinden sich drei bis acht verschiedene Gegenstände. Bleibt der Nikolaus vor einem Kind stehen, fasst dieses in den Sack, ertastet einen Gegenstand und benennt ihn. Hat es ihn richtig erraten, wird er zur Seite gelegt. Das Kind wird in der nächsten Spielrunde der neue Nikolaus.

Die Adventsspirale

Material: 1 dicke Kerze; Sitzkissen; Entspannungsmusik; braune Tücher, Tannenzweige, Papiersterne (im Freispiel hergestellt), Adventskekse (vorher gemeinsam gebacken), Nüsse, Äpfel, Teelichter – von jedem Teil mindestens 1 Stück pro Kind; vorbereitete Leitfragen als Gesprächsimpuls (s. u.); Schalen für die verschiedenen Gegenstände

So geht's: Alle betreten den ruhigen, dämmrigen Raum und setzen sich auf die vorbereiteten Kissen. In der Kreismitte steht eine brennende Kerze, leise Entspannungsmusik tönt im Hintergrund. Das Material für die Spirale befindet sich in einzelnen Schalen an einer Seite des Raumes.

Impulsfragen: *Welche besondere Zeit haben wir jetzt? Wie sieht es draußen aus?* (Kinder antworten)

Impulsfragen: *Was steht dort einsam in der Kreismitte? Warum ist es um die Kerze herum so leer? Womit könnten wir den Platz zwischen der Kerze und uns ausfüllen?* (Kinder antworten)

Aufforderung: *Jedes Kind holt ein braunes Tuch aus der Schale. Nacheinander legen wir nun ein Tuch an das andere, wie eine Spirale, wir beginnen bei der Kerze. Danach setzen wir uns wieder hin.*

Impulsfragen: *Woran erinnern euch die braunen Tücher? Wie sehen die Bäume gerade draußen aus? Gibt es jetzt einen besonderen Baum?* (Kinder antworten)

Aufforderung: *Nacheinander holt nun jedes Kind einen Zweig aus der Schale und legt ihn auf die Tuchspirale, bevor es sich wieder auf seinen Platz setzt.*

Impulsfragen: *Wie sieht die Spirale jetzt aus? Womit können Tannenzweige geschmückt werden?* (Kinder antworten)

Aufforderung: *Jede:r holt einen Papierstern und legt ihn auf die Tannenzweige.*

Impulsfragen: *Wie sieht die Spirale jetzt aus? Woran erinnern die Sterne?* (Kinder antworten)

Aufforderung: *In der Schale habt ihr schon die Äpfel gesehen. Sie schmücken auch die Tannenzweige. Nacheinander holt jeder einen Apfel, legt ihn auf die Spirale und setzt sich wieder.*

Impulsfragen: *Warum schmecken die Winteräpfel besonders gut? Kennt ihr andere Winterfrüchte?* (Kinder antworten)

Aufforderung: *Nüsse sind auch Winterfrüchte. Nacheinander holen alle einige Nüsse und verteilen sie.*

Impulsfragen: *Warum essen wir gerne Nüsse? Was wird auch gerne in der Adventszeit gegessen?*
(Kinder antworten)

Aufforderung: *Adventskekse sind besondere Kekse, wir haben sie selbst gebacken. Holt nun die Kekse und verteilt sie auf der Spirale.*

Impulsfrage: *Wie war das, als wir zusammen die Kekse gebacken haben?*
(Kinder antworten)

Impulsfrage: *Was fehlt, um die Adventsspirale zum Leuchten zu bringen?*
(Kinder antworten)

Aufforderung: *Nacheinander holt jede:r ein Teelicht, zündet es an der Kerze in der Mitte an und stellt es in die Spirale. Dann setzt ihr euch wieder auf euren Platz.*

Impulsfragen: *Worauf habt ihr beim Anzünden und Aufstellen des Teelichts geachtet? Wie sieht die Spirale jetzt aus? Woran erinnert sie?*
(Kinder antworten)

Impulsfrage: *Die Adventsspirale ist nun fertig. Was hat euch beim Legen der Spirale besonders gefallen?*
(Kinder antworten)

Aufforderung: *Bevor wir uns nun trennen, können wir die Adventsspirale noch etwas betrachten und ein Adventslied singen.*

Abschluss: *Da wir die Spirale nicht liegen lassen können, lösen wir sie nacheinander wieder auf. Zuerst löschen wir vorsichtig die Kerzen, danach legen wir die Kekse, Nüsse und Äpfel, Sterne und Tannenzweige zurück in die Schalen. Die Tücher falten wir zusammen und legen sie ebenfalls zurück. Die Sitzkissen legen wir zur Seite. Die Kerze in der Mitte lösche ich, wenn wir hinausgehen. Die Schalen stellen wir in den Gruppenraum. Kekse, Nüsse und Äpfel teilen wir dort mit den anderen Kindern und essen sie gemeinsam. Mit den Sternen und Tannenzweigen schmücken wir den Gruppenraum.*

Variation: Die Spirale lässt sich in mehreren Schritten an aufeinanderfolgenden Tagen anfertigen. Religiöse Texte und Gedanken können ebenfalls eingebunden werden. Auch könnten zum Abschluss die Kekse, Äpfel, Nüsse gemeinsam verzehrt werden.

Weihnacht kehrt wieder

Melodie: volkstümlich, Text: überliefert

So geht's: Im Spielkreis machen alle das Gleiche: Hände trichterförmig an den Mund legen, in die Hände klatschen, Hände mit zappelnden Fingern auf und ab bewegen, Oberkörper mit schwingenden Armen hin und her wiegen, mit den Händen auf dem Stuhl oder Boden rascheln, ein Dach formen.

Weihnachtsnüsse versenken

Material: pro Kind 1–2 Nüsse (Haselnüsse, Walnüsse, Erdnüsse), ein leerer Karton mit Weihnachtspapier umhüllt, gold- und silberfarbene Stifte, Seil

Dem Bäcker aus dem Weihnachtsland
sind alle Nüsse stark verbrannt.
Kohlrabenschwarz seh'n sie nun aus!
1, 2, 3 – und du bist raus!

So geht's: Das Seil auf dem Boden zu einem Kreis legen. Die Kindergruppe verteilt sich um den markierten Kreis. Jedes Kind erhält ein bis zwei Nüsse, die es mit einem Goldstift individuell markiert. Zu Beginn des Geschicklichkeitsspiels das Startkind mit einem Abzählvers ermitteln.
Pro Runde werfen die Kinder nun nacheinander von der Kreislinie aus eine Nuss in den Karton. Erst wenn alle beide Nüsse versenkt haben, dürfen die Kinder die Nüsse essen.

Variation: Die Nüsse können auch auf eine Zielscheibe mit mehrfarbigen Zielringen geworfen werden.

Fünf Weihnachtswichtel

Material: 5 Papierhalbkreise (ø 6 cm), Filzstifte, Schere, Klebstoff

Fünf Weihnachtswichtel wollten es versuchen,
zu backen einen Weihnachtskuchen.
Der Erste hatte ein Rezept,
der Zweite hatte es verschleppt,
der Dritte holte 1,2,3,
Mehl, Honig, Nüsse und ein Ei.
Der Vierte schrie: „Ich will mal rühren!"
Der Fünfte wollte nur probieren.
Dann haben sie alles aufgegessen
und uns vielleicht dabei vergessen?

So geht's: Die Halbkreise zu einem Kegel zusammenkleben, ein Gesicht darauf malen. Die Fingerpuppen während des Fingerspiels nach und nach aufsetzen.

Prinz und Prinzessin

Der Prinz, das ist ein stolzer Mann,
schaut die Prinzessin strahlend an.

Rechte Hand eines Kindes fasst die linke Hand des Partnerkindes.

Sie tanzen hin, sie tanzen her,
nach vorn, nach hinten fällt nicht schwer.

Sie bewegen sich hin und her, voneinander weg, zueinander.

Sie drehen sich im Kreise.
Nun schaut mal zu und seid ganz leise,
denn jetzt umarmen sie sich sacht
und wünschen: „Gute Nacht!"

Einen Kreis in die Luft malen, beide legen den Zeigefinger auf den Mund, sie umarmen einander.

Doch zum allerletzten Schluss
geben sie sich einen lauten ...

Einen Luftkuss geben.

So geht's: Die Kinder bilden Paare und entscheiden, wer welche Rolle übernimmt. Anschließend wird der Vers gemeinsam gesprochen, dazu führen sie die angegebenen Bewegungen aus.

Zauberer Heliox

Material: Zauberstab, Zauberhut

Ich bin Zauberer Heliox,
verzaubre euch ganz fix, fax, fox:
Bewegt euch wie ...
knix – knax – knox.

So geht's: Der/die Älteste spielt als Erstes den Zauberer Heliox. Dieser schwingt seinen Zauberstab und spricht dazu den Zauberspruch. Alle bewegen sich wie von Heliox gewünscht, bis er seine:n Nachfolger:in ausgesucht hat.

Maskenball der Tiere

Material: Musik, Maske, Besteck, Nudeltüte, Becher, (leere) Getränkedose, Korken, Schuh etc.

„Mich dünkt, wir geben einen Maskenball", sprach die Nachtigall.
„Was werden wir essen?", sprachen die Wespen.
„Nudeln!", sprachen die Pudeln.
„Was werden wir trinken?", sprachen die Finken.
„Bier!", sprach der Stier.
„Nein, Wein!", sprach das Schwein.
„Wo werden wir tanzen?", sprachen die Wanzen.
„Im Haus!", sprach die Maus.
„So, so!", sprach der Floh.
Und alle fingen zu tanzen an.

So geht's: Die Kinder bilden kleine Gruppen und wählen eine Requisite (Maske = Nachtigall, Besteck – Wespen etc.). Nacheinander zeigt jede Tiergruppe ihr Symbol und stellt ihre Frage bzw. gibt die Antwort. Die letzte Zeile sprechen alle gemeinsam und tanzen zur Musik.

Variation: In der Freispielphase fertigen die Kinder für die Tierdarstellung eine passende Verkleidung und Requisiten an.

Ostereier verstecken

Material: kleiner Korb mit einem Osterei

Unterm Baum im grünen Gras,
sitzt ein kleiner Osterhas!
Putzt den Bart und spitzt das Ohr,
macht ein Männchen, guckt hervor.
Springt dann über Stock und Stein.
Wo mag denn nun das Ei wohl sein?

So geht's: Die Kinder sitzen im Kreis. Eines sitzt als Osterhase in der Kreismitte. Vor ihm steht ein kleiner Korb mit Ostereiern. Alle sprechen den Vers – der Osterhase führt die passenden Bewegungen zum Text aus. Die Kinder schließen dann die Augen. Der Osterhase versteckt ein Ei, geht zurück zum Nest, nennt einen Namen, z. B. Max. Dann alle:

„Max, schau nach, wo ist das Ei?"

Max sucht das Ei. Bei der Suche können alle durch Zurufe wie *„Warm!"* oder *„Kalt!"* Hinweise geben. In der nächsten Spielrunde ist Max der Osterhase, der das Ei versteckt.

Wandernder Osterhase

Melodie: volkstümlich („Taler, Taler, du musst wandern"), Text: Autorinnen

Material: kleine verpackte Schoko-Eier in einem Nest

So geht's: Alle sitzen im Kreis und in der Mitte steht das Nest mit den Schoko-Eiern. Die Kinder im Kreis falten die Hände vor dem Bauch, wobei sie die Handflächen leicht geöffnet halten. Ein Kind spielt den Osterhasen. Es hält zwischen den beiden Handflächen ein Ei. Während des gemeinsamen Singens geht das Kind mit dem Ei reihum und hält seine geschlossenen Handflächen über die geöffneten Hände der anderen. Irgendwann lässt es unbemerkt das Ei in die Hände eines Kindes fallen. Ist das Lied zu Ende, spricht es:

„Nun ratet schnell in diesem Land: Osterei in welcher Hand?"

Danach zeigt der Osterhase auf ein Kind. Dieses muss nun sagen, bei wem sich das Ei befindet. Rät es richtig, darf es selbst ein Ei wandern lassen. Hat es falsch geraten, setzt das Kind mit dem Ei die Spielrunde fort, allerdings mit einem neuen Ei aus dem Nest. Zum Abschluss dürfen alle ihr Ei essen.

Ein Osterhäschen

Ein Osterhäschen wollt allein
die Eier legen ins Versteck.
Da hat's das Bächlein nicht gesehn
und plumps, da war es weg.

Zeige- und Mittelfinger zeigen (Hasenhand),
eine Hand zu Hasenohren aufstellen,
nach oben schauen,
Hände zeigen nach unten.

Das Bächlein floss dem Tale zu,
dort, wo die Mühle steht
und wo sich ohne Rast und Ruh
das große Mühlrad dreht.

Wellenförmige Bewegung mit anderer Hand,
beide Hände zu einer Mühle kreuzen,
Hände vor der Brust parallel rotieren.

Ganz langsam drehte sich das Rad,

„Hasenhand" hält die andere rotierende Hand fest,

fest hielt's das Osterhäschen.
Und als es endlich oben war,
sprang es hinab ins Gras.

beide Arme langsam nach oben strecken,
auf die Zehen stellen,
sich auf den Boden fallen lassen.

Das Häschen lief ganz schnell nach Haus.
Die Eier war'n entzwei,
doch machte es sich nicht viel draus,
nun gab es Rühr- und Spiegelei.

„Hasenhand" vorwärts bewegen,
Handflächen nach oben zeigen,
Schultern hochziehen,
abwechselnd in die Hände klatschen.

So geht's: Die Kinder sitzen im Kreis, sprechen den Fingerreim und führen die passenden Bewegungen zum Text aus.

Eins, zwei, drei, leg ein Ei

Material: 1 Ei (hart gekocht oder aus Plastik oder Styropor)

1, 2, 3 –
Julia legt ein Ei!
Julia legt ein weißes Ei –
1, 2, 3.

So geht's: Alle sitzen oder stehen im Kreis. Die erste Runde beginnt mit den ersten beiden Versen. *Julia* läuft währenddessen um den Kreis und legt dabei das Ei z. B. hinter *Sina*. Alle setzen den Vers weiter mit dem dritten Vers fort: „Julia legt ein weißes Ei – 1, 2, 3." Bemerkt *Sina* das Ei hinter sich, springt sie auf und versucht *Julia* zu fangen, während *Julia* wieder zu ihrem Platz zurückkehrt. Nun ist *Sina* an der Reihe. Bemerkt *Sina* das Ei nicht, dann rufen alle: *„1, 2, 3 ins faule Ei!"*, worauf sie in die Kreismitte geht und eine Spielrunde aussetzt.

Wer ist das wohl?

Im Felde sitzt ein kleiner Mann,
der hat graubraunes Fellchen an.
Zwei Löffel hat er auch dabei,
doch nicht für Suppe oder Brei.
Er trägt eine Blume weiß wie Schnee
und frisst so gerne grünen Klee.
Er mag Rüben und auch Kohl.
Nun rate mal – wer ist das wohl? **Hase**

So geht's: Zu Beginn des Morgenkreises während der Osterzeit liest die Fachkraft den Text vor. Die Kinder erraten das Tier und hupfen anschließend als Hasen durch den Kreis.

Kunterbunte Spielewelt

Fantasie & Fantadu

Farben & Formen

Fünf kleine Fische

Melodie und Text: überliefert

2. Vier kleine Fische, die ...
   Refrain: Blubb, blubb ...

3. Drei kleine Fische, die ...
   Refrain: Blubb, blubb ...

4. Zwei kleine Fische, die ...
   Refrain: Blubb, blubb ...

5. Ein kleiner Fisch, der ...
   Refrain: Blubb, blubb ...

6. Ein großer Haifisch schwamm allein im
   Meer. Blubb, blubb, blubb, blubb!
   Er sagt sich selber: „Ich mag nicht mehr.
   Blubb, blubb, blubb, blubb!
   Ich wär lieber in einem kleinen grünen
   Teich, denn da schwimmen fünf Fische,
   und die fress ich gleich!"
   Refrain: Blubb, blubb ...

So geht's: Zusammen singt die Gruppe das Lied und führt folgende Bewegungen zum Liedtext der Strophen auf.

Mit den Fingern die Zahl bilden,
Wellenbewegungen mit den Händen,
auf sich zeigen, den Kopf schütteln,
mit den Armen einen Kreis bilden,
langsame Wellenbewegungen mit den Armen (bei der letzten Strophe schnelle Wellenbewegungen),
Schnappbewegungen mit den Händen.

Imse bimse Spinne

Text: überliefert

Imse bimse Spinne, wie lang dein Faden ist.
Mit dem Daumen der linken Hand den Zeigefinger der rechten Hand berühren. Die Finger zusammen lassen und die linke Hand so drehen das nun auch der Zeigefinger der linken Hand den Daumen der rechten Hand berührt. Es ist eine Raute entstanden. Jetzt die erste Position lösen und die rechte Hand nach oben drehen Zeigefinger und Daumen berühren sich wieder. Mit dieser Bewegungsfolge die Hände noch oben wandern lassen.

Da kam der große Regen und der Faden riss.
Mit den Fingern den Regen darstellen und dann die Hände schnell zur Seite ziehen.

Da kam die liebe Sonne und leckt' den Regen auf,
Mit den Händen einen Kreis in die Luft zeichnen, die Hände von unten nach oben bewegen und dabei mit den Fingern wackeln.

Imse bimse Spinne klettert' wieder rauf.
Die Spinne wie oben beschrieben wieder hochklettern lassen.

So geht's: Die Kinder sprechen den Vers und führen die oben angegebenen Bewegungen aus.

Die Geschichte vom Mäuschen

Text: überliefert

Früh am Morgen, die Sonne scheint, die Vögel zwitschern, aber das Mäuschen schläft noch *(Zunge liegt flach im Mund, schnarchen).*
Plötzlich wacht es auf und läuft zum Fenster *(Mund öffnen).*
Es schaut rechts und links hinaus *(Zunge rechts und links aus dem Mundwinkel strecken).*
Doch weil es nicht genug sehen kann, geht es auf den Balkon *(Zunge auf die Unterlippe legen)* und läuft dort hin und her *(Zunge leckt Unterlippe von einem Mundwinkel zum anderen ab),* um zu sehen, was draußen alles passiert. Es möchte einen Spaziergang machen und läuft ganz schnell heraus *(Zunge herausstrecken).*
Doch kaum ist es draußen, da fällt ihm ein, dass es seine Sonnenbrille vergessen hat. Es läuft schnell noch einmal in den zweiten Stock *(Zunge zur Nase).*
Dann holt es sich aus dem Keller noch schnell etwas zu trinken *(Zunge zum Kinn).*
Es wirft die Tür zu und klemmt sich dabei die Pfote ein *(auf die Zunge beißen).*
Das Mäuschen geht zuerst zum Spielplatz.
Dort steigt es auf die Wippe *(Zunge rauf und runter),*
fährt Karussell *(Lippen mit der Zunge umkreisen),*
dann macht es auf der Wiese einen Handstand *(Zunge am Gaumen),*
klettert auf einen Berg *(Zunge an die Nase)*
und geht an den Bach zum Angeln *(Zunge an das Kinn).*
Danach macht es sich wieder auf den Heimweg. Unterwegs muss es noch durch einen Tunnel *(Lippen nach vorn schieben und Zunge durchstrecken).*
Doch da sieht es plötzlich eine Katze. Vor lauter Angst pfeift es ganz laut *(pfeifen).*
Zum Glück kann es sich retten. Zu Hause angekommen, knabbert es erst einmal ein großes Stück Käse *(Zähne aufeinanderklappern).* Dann sucht es sich ein schönes Schlafplätzchen *(Zunge sucht in der rechten und linken Wange)* und legt sich zum Schlafen *(Zunge flach im Mund, schnarchen).*

So geht's: Die Spielleitung erzählt die Geschichte vom Mäuschen und macht die Zungenbewegungen deutlich vor. Die Kinder machen die Bewegungen nach. Das Training der Zungenbeweglichkeit und der Wahrnehmung im Mundraum kann zu einer Verfeinerung der Artikulation führen.

Frau Fledermaus

Material: schwarzes Tuch oder Umhang

Frau Fledermaus flattert mit fliegenden Flügeln,
fliegt zu den Fledermaushügeln.
Fröhlich fliegt Frau Fledermaus
am frühen Morgen flugs wieder nach Haus.

So geht's: Die Kinder stehen im Kreis. Ein Kind trägt einen schwarzen Umhang und fliegt als Fledermaus außen um den Kreis. Die anderen Kinder sprechen den Zungenbrecher. Ist der Text zu Ende, gibt das Kind den Umhang an das Kind ab, hinter dem es zu stehen kommt.

Alle Vögel fliegen hoch

So geht's: Alle sitzen im Kreis und klopfen mit den Händen auf ihre Schenkel. Die Spielleitung ruft: *„Alle Vogel fliegen hoch!"* Dabei nehmen alle Kinder ihre Arme in die Höhe. Ruft die Spielleitung eine Tierart auf, die nicht fliegen kann, z. B. *„Alle Hunde fliegen hoch!"*, hebt sie zwar die Arme, aber die Arme der Kinder bleiben unten. Hebt ein Kind trotzdem die Arme, dreht es sich mit dem Rücken zum Kreis (o. Ä.). So bleibt es im Spielgeschehen und kann weiter mitmachen.

Variation: Nacheinander nennt jedes Kind eine Tierart, die etwas Bestimmtes kann, z. B.: *„Alle Fische schwimmen tief", „Alle Pferde galoppieren gerne", „Alle Störche klappern laut".*

Die Elefantenherde

Text: überliefert

Tief im Urwald lebte eine Herde Elefanten. Der alte Elefantengroßvater, der stampfte immer durch den Urwald – *Umba-umba Nero-nero.*
Seine Frau Josefine, die trippelte immer – *Umba-umba Nero-nero.*
Dann gab es noch eine vornehme Elefantentante, die stolzierte immer – *Umba-umba Nero-nero.*
Und ein kleines Elefantenbaby, das hatte es immer sehr eilig – Umba-umba Nero-nero.
Eines Tages wollten die Elefanten auf dem großen Palaverplatz ein *Palaver* abhalten. Sie trafen sich alle und schon ging es los: *Palaver, palaver, palaver, palaver.*
Das war dem Elefantenbaby zu langweilig. Leise schlich es fort: Umba-umba Nero-nero.
Und als es keiner mehr sehen konnte, rannte es, so schnell es konnte, zum Fluss: *Umba-umba Nero-nero.*
Unten am Fluss lag ein altes Krokodil und gähnte – *Uah.*
Das Elefantenbaby steckte seinen *Rüssel* in das Wasser und *trank.* Da schnappte das Krokodil zu und das Elefantenbaby war gefangen. Laut schrie es um Hilfe: „Mama, Mama, Mama, Mama!"
Das hörte seine Mutter am Palaverplatz. Schnell rannte sie los: *Umba-umba Nero-nero.*
Als sie sah, was da los war, streckte sie ihren *Rüssel* ins Wasser und *trank* und *trank.*
Dann hielt sie ihn auf das Krokodil und spritzte.
Vor Schreck riss das Krokodil sein Maul weit auf.
Das Elefantenbaby lief schnell fort: *Umba-umba Nero-nero.* Nun muss das Krokodil Fische fressen.

So geht's: Während des ersten Erzählens führt die Spielleitung die Bewegungen aus. Bei der Wiederholung beteiligen sich die Kinder.

- Umba-umba Nero-nero = *Gangweise (stampfen, stolzieren etc.) mit der Stimme nachahmen, dazu mit flachen Händen rhythmisch auf die Oberschenkel schlagen*
- Palaver = *hin und her schauen, dazu ständig das Wort Palaver sprechen*
- Uah = *gähnen und mit ausgestreckten Armen in die Hände klatschen*
- Rüssel = *mit der Hand die Nase fassen, den anderen Arm durch die Armöffnung strecken*
- Trinken = *Schlürfgeräusche mit dem Mund machen*

König Grrr und seine Töchter

Text: überliefert

Vor langer, langer Zeit lebte einmal ein König, der hieß König Grrr. Dieser König Grrr hatte drei Töchter: die dünne Tochter Sssst, die dicke Tochter Buff und die süße Tochter Schmatz. Eines Tages kam der hübsche Prinz Olala dahergeritten und hielt am Schloss. Er stieg die Treppen hinauf und klopfte.

König Grrr öffnete die Tür. „Oh, Prinz Olala", sagte König Grrr, „was führt dich hierher?" „Lieber König Grrr", sagte der Prinz Olala, „ich möchte so gerne die süße Tochter Schmatz heiraten!" – „Nein, nein, nein!", sagte König Grrr, „bevor die süße Tochter Schmatz heiratet, muss zuerst die dünne Tochter Sssst heiraten und die dicke Tochter Buff!" Traurig ritt der Prinz davon. Doch eines Nachts hatte er eine Idee: Er nahm seinen Zauberschlüssel und ritt, so schnell er konnte, zum Schloss. Er stieg vom Pferd, schlich die Stufen hinauf, nahm seinen Zauberschlüssel und öffnete die Tür. Ganz leise schlich er hinein und stieg die Treppen zu den Schlafgemächern hinauf.

Er schlich zur ersten Tür, öffnete sie, und da lag: die dünne Tochter Sssst!

Wollte er die heiraten? – Nein.

Er schlich zur zweiten Tür, öffnete sie, und da lag die dicke Tochter Buff.

Wollte er die heiraten? – Nein.

Er schlich zur dritten Tür, öffnete sie, und da lag der König Grrr.

Wollte er den heiraten? – Nein.

Er schlich zur vierten Tür, öffnete sie, und da lag der dicke Koch Prust.

Wollte er den heiraten? – Nein.

Er schlich zur fünften Tür, öffnete sie, und da lag die süße Tochter Schmatz.

Wollte er die heiraten? – Ja.

Er nahm sie auf den Arm und ging, so schnell er konnte, zurück zu seinem Pferd. Sie ritten zu seinem Schloss und feierten ganz groß ihre Hochzeit. Sie lebten glücklich und zufrieden. Und wenn sie nicht gestorben sind, dann leben sie noch heute.

So geht's: Vor Beginn dieser Mitmach-Geschichte stellt die Spielleitung den Kindern zunächst die Personen der Geschichte mit ihren Geräuschen vor und übt mit ihnen. Nachdem die Begriffe mimisch-gestisch geklärt sind, erzählt die Spielleitung die Geschichte und die Kinder machen bei den Geräuschbegriffen mit.

König Grrr	= *Hände an den Kopf legen, heftig schütteln, dazu laut „grrr" machen*
Dünne Tochter Sssst	= *Hände zusammenlegen, schnell von oben nach unten ziehen*
Dicke Tochter Buff	= *Hände ineinanderfalten und einen dicken Bauch andeuten*
Süße Tochter Schmatz	= *Kusshand machen*
Prinz Olala	= *mit einem Zeigefinger schnell auf der Stirn kreisen*
Koch Prust	= *verbeugen, mit einem Arm rühren*
Nein	= *Kopf schütteln und abwinken*
Reiten	= *Hände rhythmisch auf die Oberschenkeln patschen*
Traurig	= *trauriges Gesicht machen*
Schleichen	= *Hände über die Oberschenkel reiben*
Tür	= *leises Quietschgeräusch, so tun, als öffne man sie*
Anzahl	= *mit den Fingern zeigen*

Klaus, der Regenwurm

Material: für jedes Kind eine hellbraune Kordel

In einem dunklen Erdhügel
wohnt ein Tier, ganz ohne Flügel.
Seht, ganz langsam kriecht es dort heraus.
Es ist der Regenwurm mit Namen Klaus.
Ich glaube, er ist jedem hier bekannt,
drum nehm ich ihn in meine Hand.
In der Erde bleibt ein Loch
und unser Klaus kriecht an mir hoch.
Schiebt sich zuerst den Arm hinauf,
ganz langsam und mit viel Geschnauf.
Kriecht dann auf meinem Kopf ganz munter
und über den andern Arm herunter.
Über meinen Bauch schlängelt sich dieser Wicht
und plötzlich ist er mitten in meinem Gesicht.
Es kitzelt, ich muss ganz laut niesen,
er landet prompt vor meinen Füßen.
Ich heb ihn auf und steck ihn fein
ins dunkle Erdloch wieder rein.

So geht's: In der linken Faust steckt eine Kordel als „Regenwurm". Der Regenwurm schlängelt sich, dem Vers entsprechend, über die verschiedenen Körperteile.

Kunterbunte Finger

Material: Schminkstifte

Der Daumen sagt: „Ich bin weiß wie Schnee!“	*Daumen zeigen,*
Der Zeigefinger sagt: „Ich bin grün wie Klee!“	*Zeigefinger zeigen,*
Der Mittelfinger sagt: „Ich kann blau wie der Himmel sein!“	*Mittelfinger zeigen,*
Der Ringfinger sagt: „Ich bin gelb wie der Sonnenschein!“	*Ringfinger zeigen,*
Der kleine Finger sagt: „Ich bin rot wie dein Mund!“	*kleinen Finger zeigen,*
Alle Finger sagen: „Wir sind kunterbunt!“	*alle Finger wackeln.*

So geht's: Vor dem Spiel können die einzelnen Fingerkuppen der Kinder mit den entsprechenden Farben markiert werden. Alle sprechen den Vers und zeigen nacheinander die Finger einer Hand.

Elli Eichhörnchen allein zu Haus

Material: langer Schal

So geht's: Zwei Kinder spielen Elli Eichhörnchen und Hansi Habicht. Die anderen stehen im Kreis und fassen sich an den Händen. Sie bilden eine Schutzmauer für das in der Kreismitte hockende Eichhörnchen; es trägt einen um den Bauch gebundenen Schal als Schwanz. Der Habicht flattert außen um den Kreis herum und stellt nacheinander einzelnen Kindern Fragen zu Elli Eichhörnchen, z.B.: *„Was macht Elli? Möchte sie Besuch?“* Die Kinder überlegen sich eine Antwort, z.B.: *„Nein, sie erwartet keinen Besuch, sie springt gerade auf eine Tanne.“* Bei dieser Antwort verlässt Elli die Kreismitte und läuft um den Kreis herum. Gleichzeitig versucht Hansi Habicht sie in der ersten Laufrunde zu fangen. Gelingt es ihm, muss Elli zurück in die Kreismitte. Gelingt es ihm nicht, bestimmen beide eine neue Elli und einen neuen Hans.

Wie schmecken Farben?

Melodie: überliefert („Grün sind alle meine Kleider"), Text: Autorinnen

2. Grün, grün, grün ist …
   weil ich am liebsten Gurken mag.

3. Blau, blau, blau ist …
   weil ich am liebsten Blaubeern mag.

4. Gelb, gelb, gelb ist …
   weil ich am liebsten Bananen mag.

5. Weiß, weiß, weiß ist …
   weil ich am liebsten Sahne mag.

6. Schwarz, schwarz, schwarz ist …
   weil ich am liebsten Lakritze mag.

7. Bunt, bunt, bunt ist …
   weil ich am liebsten … mag.
   (Lollis, Salat, Smarties)

Material: Kreise aus Pappe in den Farben Rot, Blau, Gelb, Grün, Weiß, Schwarz und in Bunt liegen in einem Korb.

So geht's: Alle bilden einen Sitzkreis. Die Spielleitung reicht einen Korb mit Farbkreisen herum, und jedes Kind wählt einen aus. Während alle den ersten Teil der Strophe singen, gehen die Kinder mit den genannten Farben in die Mitte und singen dort allein den zweiten Teil der Strophe. Danach setzen sie sich wieder in den Kreis und die nächste Farbe ist an der Reihe.

Auf der bunten Blumenwiese

In der Nacht schlafen die Blumen auf der großen Wiese.
Die Kinder liegen zusammengekauert auf dem Boden.

Sobald die Sonne am Morgen langsam ihre warmen Strahlen schickt, erwachen die Blumen und öffnen langsam ihre Blütenblätter. Zuerst die weißen Margeriten, dann der gelbe Löwenzahn, anschließend der rote Klatschmohn und zum Schluss die blauen Glockenblumen.
Die Kinder blinzeln verschlafen, stehen langsam auf, recken und strecken sich, öffnen ihre Arme.

Den ganzen Tag freuen sich die Blumen über die Bienen, Schmetterlinge, die Spaziergänger, die die schönen Blütenblätter der weißen Margerite, des gelben Löwenzahns, des roten Klatschmohns und der blauen Glockenblume streicheln. Der Wind lässt die Blumen tanzen.
Alle Kinder tanzen im Wind.

Am Abend, wenn die Sonne langsam wieder untergeht, die Spaziergänger nach Hause gehen, die Tiere sich zur Ruhe begeben, legen sich auch die Blumen wieder schlafen und schließen langsam ihre Blüten.
Die Kinder legen sich wieder zusammengekauert auf den Boden.

So geht's: Ein Teil der Kinder verwandelt sich in eine Blume auf der großen Blumenwiese (z. B. weiße Margerite, gelber Löwenzahn, roter Klatschmohn, blaue Glockenblume). Die anderen sind Schmetterlinge, Bienen oder Spaziergänger:innen. Sie führen die Bewegungen der Geschichte aus, während die Fachkraft sie vorträgt.

Variation: Die Geschichte kann weiter ausgedehnt werden.

Wer hat die Farbe?

So geht's: Alle sitzen im Kreis und die Spielleitung stellt den Kindern die verschiedenen (Grund-)Farben vor. Alle betrachten ihre Kleidung genau. Die Spielleitung steht in der Mitte und nennt eine Farbe, z. B. „Rot". Alle Kinder, die ein rotes Kleidungsstück tragen oder bei deren Kleidung irgendwo ein roter Fleck oder ein roter Streifen zu sehen ist, stehen so schnell wie möglich auf und springen hoch.

Himmelsrichtungen

Text: überliefert

Im Osten geht die Sonne auf,
im Süden ist ihr Mittagslauf,
im Westen wird sie untergehn,
im Norden ist sie nie zu sehn.

So geht's: Im Garten/Gruppenraum die vier Himmelsrichtungen markieren, den Vers sprechen und mit ausgestrecktem Arm in die jeweilige Himmelsrichtung zeigen.

Bunte Zauberfäden

Material: bunte Baumwollfäden (besser noch eine Gardinenbleischnur) je ca. 40 cm, pro Kind zu einer Schlinge verknoten

So geht's: Den Fadenring anfeuchten (lässt sich dann besser in Form legen). Alle sitzen auf dem Boden im Kreis. Das erste Kind nennt eine Form, z. B. Kreis, die anderen formen den Faden zu einem Kreis. Wer zuerst erfolgreich war, darf die nächste Form ansagen, z. B. Baum, Haus, Dreieck, Raute, Trapez, Herz, Apfel usw. Dazu erfinden die Kinder mit einiger Übung eine fortlaufende Geschichte.

Variation: Um Zahlen/Ziffern legen zu können, den Knoten wieder öffnen.

Eins, zwei

Text: überliefert

Eins, zwei – kommt vorbei,
drei, vier – wartet hier,
fünf, sechs – kleine Hex,
sieben, acht – gute Nacht,
neun, zehn – schlafen gehn,
elf, zwölf – komm'n die Wölf.

So geht's: Die Kinder stehen sich gegenüber oder im Kreis. Zu den gesprochenen Zahlen stampfen sie mit den Füßen rechts, links und klatschen zu den Reimen im Dreivierteltakt in die Hände . Die Bewegungen variieren, Tempo verlangsamen oder beschleunigen, den Rhythmus laut und leise betonen.

Kugel, Würfel und noch mehr

Material: Ball, Zuckerwürfel, Malstift

Rund, rund, rund ist der bunte Ball.
Rund, rund, rund sind noch andere Dinge.
Wer kennt mehr? Es ist gar nicht schwer.

Viele Ecken hat der kleine Zuckerwürfel.
Wie viele Ecken haben andere Dinge.
Wer kennt mehr? Es ist gar nicht schwer.

Lang, lang lang ist der neue Malstift.
Lang, lang, lang sind noch viele Dinge.
Wer kennt mehr? Es ist gar nicht schwer.

So geht's: Die Spielleitung oder ein Kind wählt einen Vers und legt den passenden Gegenstand in die Kreismitte. Nachdem der Vers aufgesagt wurde, benennen die Kinder andere Dinge in der genannten Form oder suchen sie im Raum und legen diese ebenfalls in die Mitte.

Wide wide witt

Das ist einmal *Rechtes Bein nach vorn stellen*
Das ist zweimal *und linkes Bein nach vorn stellen*
Das ist dreimal *und rechtes Knie auf den Boden*
Das ist viermal *und linkes Knie auf den Boden*
Das ist fünfmal *und rechten Ellbogen auf den Boden*
Das ist sechsmal *und linken Ellbogen auf den Boden*
Das ist siebenmal *und rechten Unterarm auf den Boden*
Das ist achtmal *und linken Unterarm auf den Boden*
Das ist neunmal *und Stirn auf den Boden –* **Refrain** *im Stehen sprechen und dazu klatschen*

Refrain: Wide wide witt, wir wollen tanzen,
wide wide witt, im grünen Wald.
Wide wide witt, wir wollen tanzen,
wide wide witt, sonst wird uns kalt.

So geht's: Die Kinder stellen sich im Kreis auf und fassen sich an den Händen, gehen in eine Richtung und singen zu einer Leiermelodie den Refrain. Dann bleiben sie stehen, sprechen den ersten Vers und führen das erste Kommando aus usw.

Ein Hut, ein Stock, ein Regenschirm

Text: überliefert

Eins und zwei und drei und vier,
ein Hut, ein Stock, ein Regenschirm,
und vorwärts, rückwärts, seitwärts, ran,
und eins und zwei und …

So geht's: Die Kinder stehen im Kreis und sprechen im Takt den Vers. Beginnend mit dem rechten Fuß gehen sie im Takt auf der Stelle. Bei *„vorwärts, rückwärts, seitwärts, ran"* stellen sie den rechten Fuß im Takt vor-, rück-, seitwärts. Bei Wiederholungen beginnt die Gruppe abwechselnd mit dem linken und rechten Fuß.

Variation: Alle stellen sich im Kreis hintereinander, legen ihre rechte Hand auf die rechte Schulter des vorderen Kindes, starten mit dem rechten Fuß und gehen im Takt rechtsherum. Bei der Wiederholung beginnt die Runde mit links.